專注地打毛衣

三四年級學生自己打的毛衣，包含數學的概念、形線畫及手工的技法。

低年級孩子自己編織的筆袋

從簡單到複雜的各種手工，展現孩子的內在能力發展。

孩子繪製語文工作本（也就是課本）

老師教學時畫的黑板畫

認識學校附近環境—萬和宮

台語詩

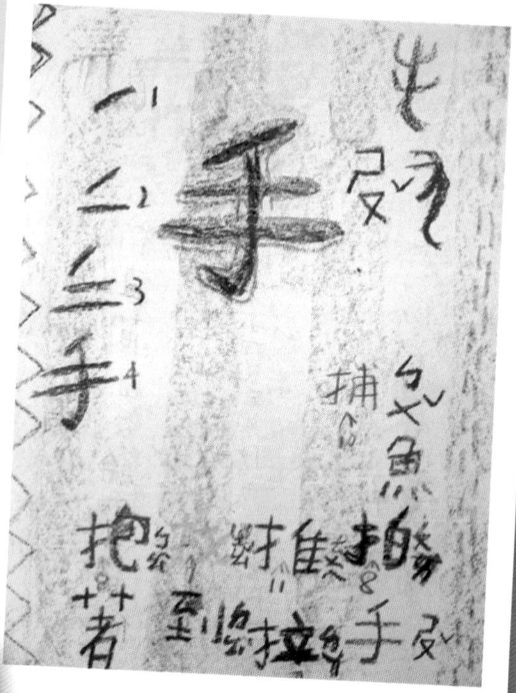

一年級語文課本（自己做的課本）

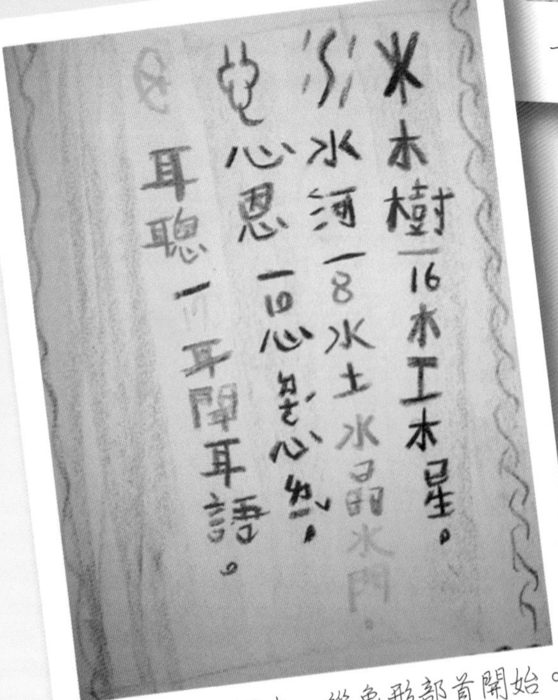

一年級語文課本，從象形部首開始。

自己寫的日語課本

五年級蕨類植物研究

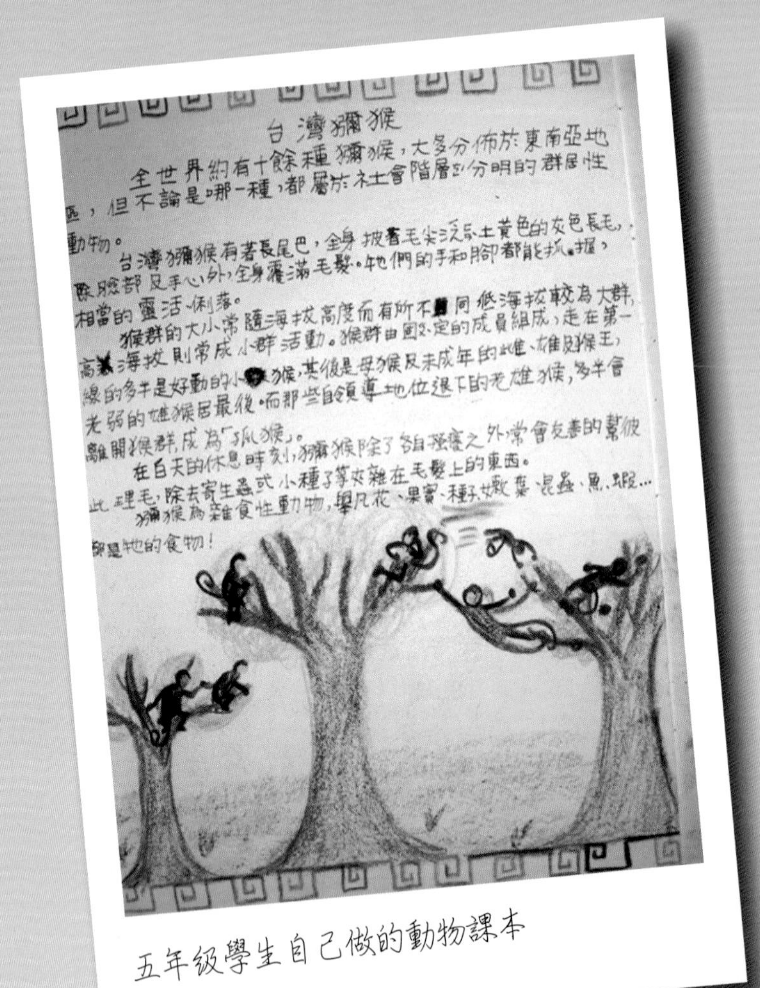

台灣獼猴

全世界約有十餘種獼猴，大多分佈於東南亞地區，但不論是哪一種，都屬於社會階層分明的群居性動物。

台灣獼猴有著長尾巴，全身披著毛尖泛系土黃色的灰色長毛，除臉部及手心外，全身覆滿毛髮。牠們的手和腳都能抓握，相當的靈活俐落。

猴群的大小常隨海拔高度而有所不同，低海拔較為大群，高海拔則常成小群活動。猴群由固定的成員組成，走在第一線的多半是好動的小猴，其後是母猴及未成年的雌、雄猴及猴王，老弱的雄猴居最後。而那些自領導地位退下的老雄猴，多半會離開猴群，成為「孤猴」。

在白天的休息時刻，獼猴除了各自搔癢之外，常會友善的幫彼此理毛，除去寄生蟲或小種子等夾雜在毛髮上的東西。

獼猴為雜食性動物，舉凡花、果實、種子、嫩葉、昆蟲、魚、蝦…都是牠的食物！

五年級學生自己做的動物課本

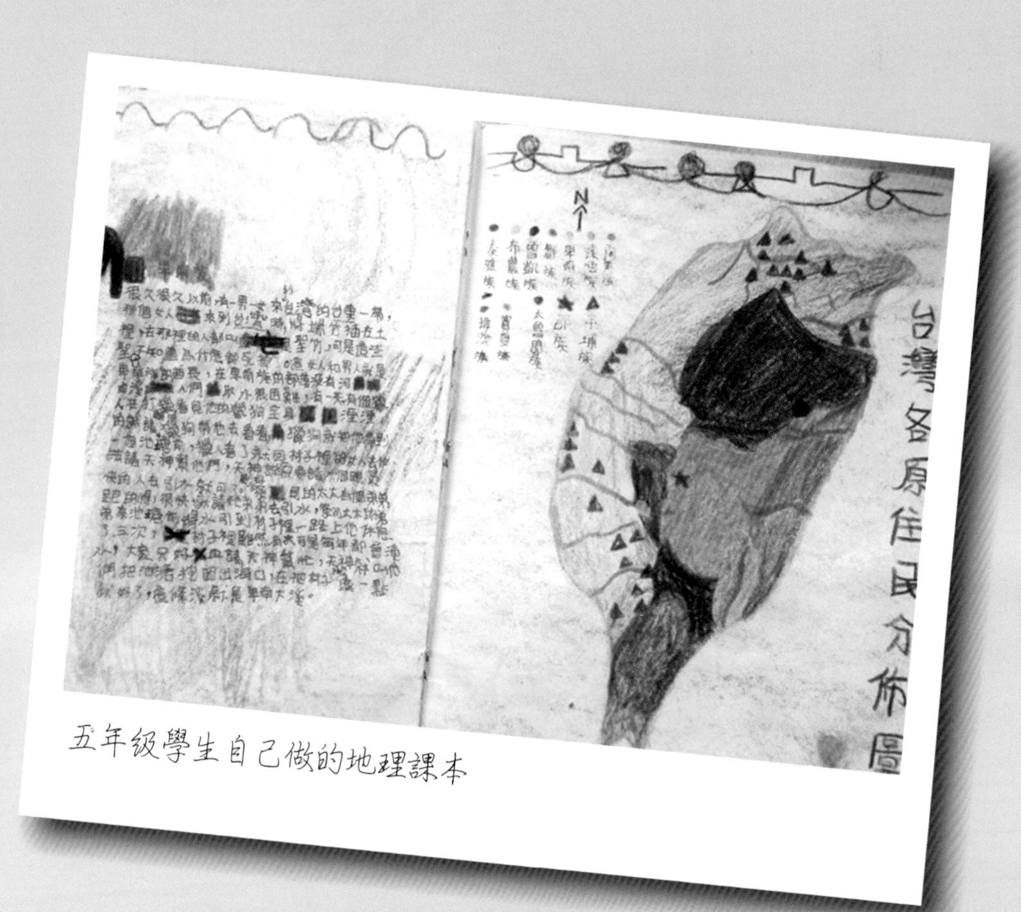

五年級學生自己做的地理課本

一年級形線畫

二年級形線畫

三年級形線畫

四年級的形線畫，有立體的空間感。

四年級形線畫

五年級徒手幾何與素描结合，展現內在的空間感。

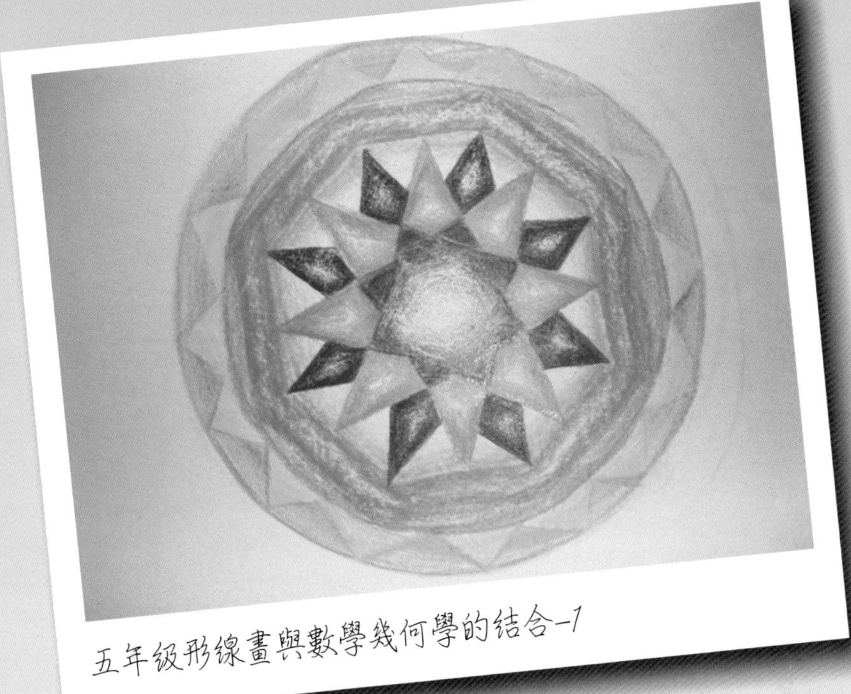
五年級形線畫與數學幾何學的結合–1

五年級形線畫與數學幾何學的結合–2

六年級形線畫與數學幾何的结合

七年級形線畫的圖案設計

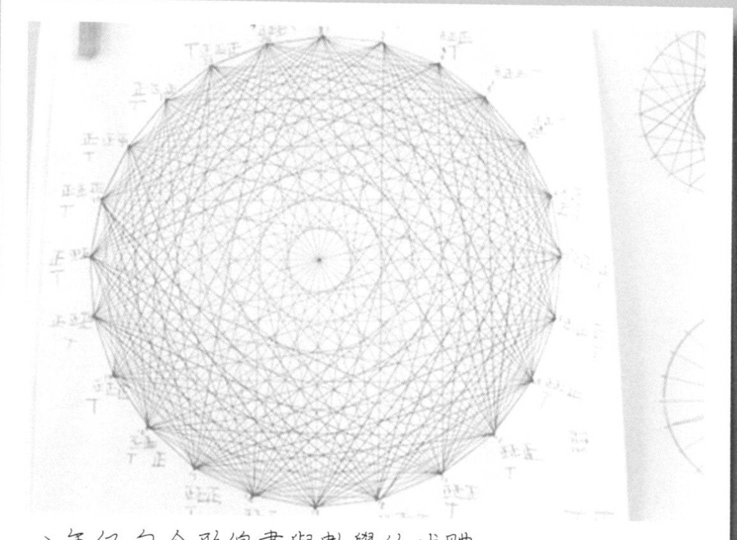

八年級,包含形線畫與數學的球體

作畫中

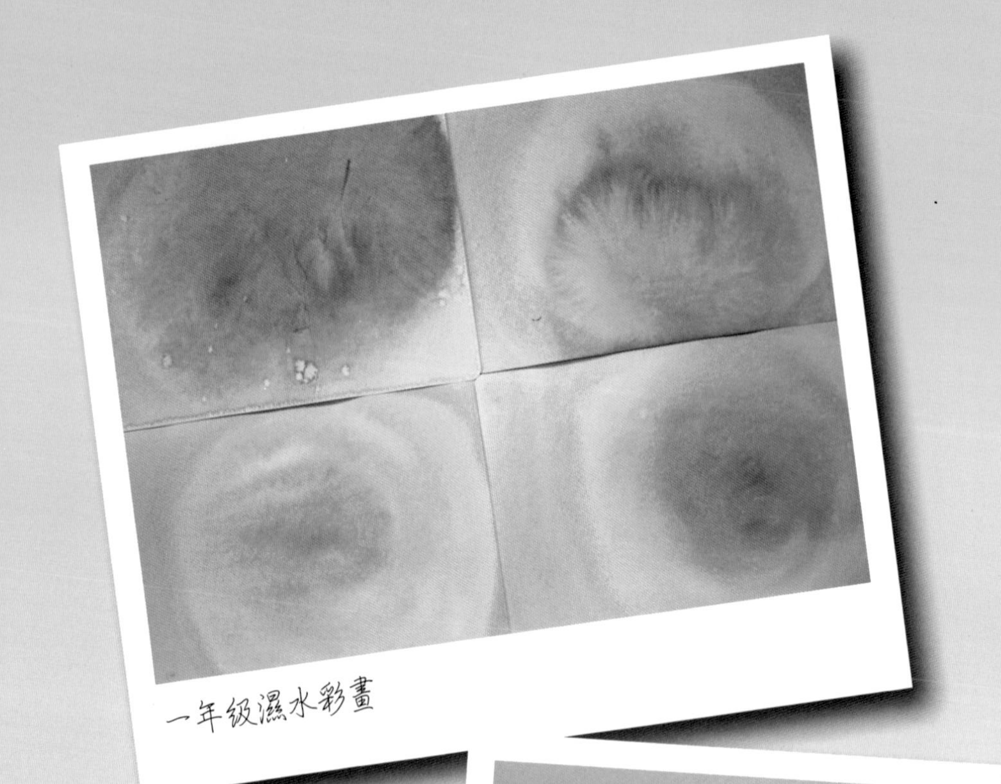

一年級濕水彩畫

二年級濕水彩畫

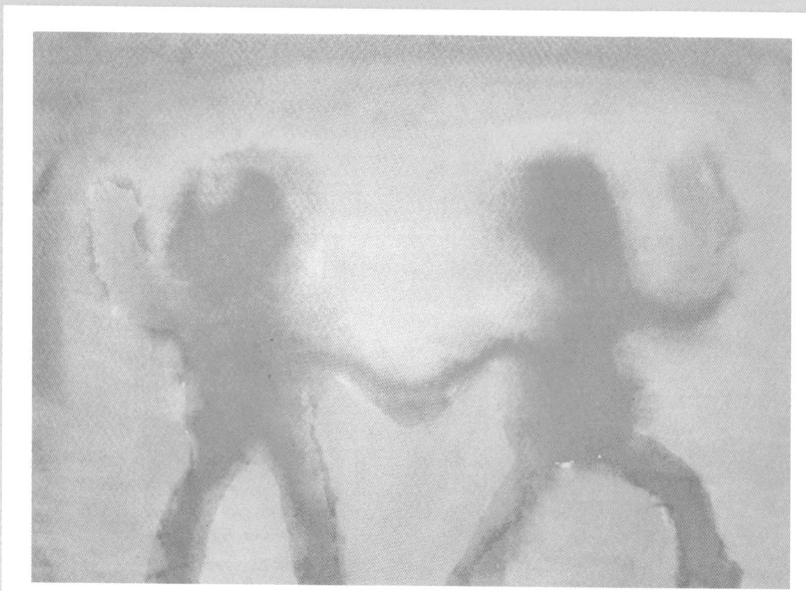

三年級濕水彩畫

四年級濕水彩畫

四、五年級的孩子用單色來表現深淺的畫法，頗有難度。

四、五年級的孩子在紙上混色、有遠近、光線、空間感的概念。

五年級濕水彩，有遠近、光影、空間感的概念。

六年級濕水彩剪影的畫法

泥塑課

低年級孩子用蜂蜜蠟塑形

四年級的孩子用蜂蜜蠟做非洲動物，每一個約一公分大小，展現孩子手指的靈活與精細度。

泥塑—四年級的孩子對動物有具象的認識

泥塑與數學幾何的结合

高年級孩子的泥塑動物

用泥塑的作品來建築池塘

木工作品—杓子

高年級的木工課

木工作品—動物

低年級的孩子用天然素材做玩具，充份發揮想像力。

每個月最少爬山一次

武術課

建築金字塔—包含泥塑、語文、建築及團體合作。

建築課的預備工作

烹飪

畢業旅行

開闢花園

園藝

寫書法

數學測量課

戲劇表演

病是教養出來的 第一集

|孩子的四種氣質|

一位中醫師從教育與疾病的因果，看華德福教學

病是教養出來的 第一集

｜孩子的四種氣質｜

一位中醫師從教育與疾病的因果，看華德福教學

病是教養出來的

|孩子的四種氣質|許姿妙 醫師著

你聽過**主張慢學的華德福教育嗎？**
你知道華德福是全球成長最快速的獨立教育體系嗎？
關於教育，你已經聽過各家各派的高論，
而這一種，或許才是**父母想要的解答！**

一位中醫師從教育與疾病的因果，看華德福教學

病是教養出來的——目錄

寫在本書之前——

前言——

第一篇 孩子準備好了嗎？

——生理發展與腦部發育都有其內定的時間表

Waldorf
Education

第三篇 常見的教養疑難與解答

第四篇 豐樂華德福師長的話

Waldorf
Education

Waldorf
Education

寫在本書之前
——光鮮亮麗背後的「不治之症」

健康的教育環境造就身心健全的孩子。
扭曲的教養模式，會讓孩子一輩子身心受苦。

L家四名兄弟姐妹，出身北部教育世家。爸爸是某教育局的督學，媽媽也是教育界人士，四個孩子目前在社會上都擁有人人稱羨的工作。

大姐不到三十歲已經是留美的大學教授，大哥也是留法的大學教授，排行老三的妹妹是中學老師，最小的弟弟也擁有一家升學補習班。左右街坊談起這一家人，無不讚嘆L家兩老教育有方，足為鄰里的典範。

然而，在光鮮亮麗的背後，這一家四個孩子其實都有著不足為外人道的「不治之症」。大姐二十多歲的時候罹患卵巢腫瘤，當時雖然經過手術和化療，但是直到現在仍必須年年定期追蹤。大哥有肝硬化，飲食起居都要時時留心，還有小時罹患過的氣喘，偶爾還會不定期發作。妹妹從小罹患自體免疫失調疾病，身弱的她多次進出醫院，中西醫都對她的病症感到棘手。小弟自大學時候開始病發原因不明的脊椎病，必須長年服藥止痛，嚴重影響日常活動。

這四個孩子的病，雖然都沒有立即的生命威脅，但是遷延多年，也都沒有根治的辦法，尤其以現在的主流醫學來看，都屬於不能醫好的「不治之症」。

初次接觸這一家人，得知四個孩子的病，讓我感到十分不解。因為以這樣的家庭出身，他們所接受的生活和醫療照顧，應該都在一般水準之上，為什麼還會在年紀輕輕的時候就發生這麼嚴重的病症。而且四個人發病部位分散各處，當中也看不出有遺傳因素，這又更令人不解了。

及至我深入了解他們的成長過程，才終於恍然大悟……

*不能消解的負面能量轉而攻擊自己的身體，助長細胞不正常分裂形成腫瘤

大姐天生外向活潑，從小就踴躍參加各種課外活動，但是因為爸媽堅持教育傳統，只能認同「唯有讀書高」的唯一價值，所以從她升上國中以後，就斷然砍掉她的所有課外活動，每天只有上學和補習。又加上她是第一個孩子，必須成為弟妹的榜樣，因此爸媽勤加督促她的學業表現，絲毫不敢鬆懈。

手巧的她原本喜歡畫畫、做手藝，又愛唱歌，還成天和同學湊在一起吱吱喳喳，如今一下子不能適應這樣封閉的日子，和父母發生過無數次抗爭，天天哭得一把鼻涕一把眼淚。她對課業不是很積極，爸爸只好親自坐鎮在她的書桌前，早也盯晚也盯，總算把她送上北一女中。當時的她總是不斷拉扯自己頭髮，把頭頂拔出一個禿洞，還不時啃咬自己的指關節，十根手指關節都被咬得又紅又腫。

往後的高中生活，她也是在父母的不斷鞭策下才總算完成學業，考上大學。結果就在二十多歲罹患卵巢癌。

癌症的發生，從心理層面來說，常常來自病人的內在衝突。對這位大姊而言，想做而不能做，不想做卻被逼著做，這樣的衝突被強勢的父母所壓抑，無法向外宣洩出來，這股不能消解的負面能量轉而攻擊自

己的身體，成為助長細胞不正常分裂的能量，這就是腫瘤形成的原因之一。

＊壓抑自己不對外界做出反應，導致內臟的「硬化」病變

大哥是家中長子，從一出生就背負著父母的殷殷期盼。他從小就有氣喘的毛病，常常半夜喘起來就必須緊急送醫。爸媽為了治療他的病，費盡心血，總算在他「轉大人」之前，把氣喘治好。

和大姐相反，大哥安靜內向，也沒有太多的個人主張，是所謂典型的「乖寶寶」。求學過程中，他始終本分，總是捧著漂亮的成績單回家，雖然沒有突出的興趣或專長表現，不過他的「聰明好學、成績優秀」，已經讓父母師長都無可挑剔。

對於這樣的寶貝兒子，父母視為莫大驕傲，更是把光宗耀祖的所有希望都寄託在他身上，不惜傾盡所有也要栽培兒子到歐洲留學。對於兒子的內向、不善應對，父母視為「讀書人的真性情」，為了保護這個「不食人間煙火」的兒子，更是對他的大小事都樣樣代勞，就連兒子上了大學以後交女朋友，到後來選擇婚姻伴侶，他們都強力介入。結果原本就不多言的兒子更不願向家人交代自己的生活，平日對兩老避之唯恐不及。

悶不吭氣的孩子其實有著自己的主見。從小看著姐姐不斷為了課業成績和父母衝突，自己雖然置身事外，內心早就對父母的高壓和專擅態度深不以為然。他感受到家中缺乏溫暖，父母又對他綁手綁腳，所以早早打定主意要出去過一個人的自在生活。遠去歐洲多年並非偶然，而是早在他的策畫之中。

中醫說「鬱怒傷肝」，他一直壓抑自己對父母憤怒、不滿的情緒，導致他的肝細胞硬化。「硬化」是不反應、不表達情緒的結果，特性之一是「沒有反應」。他訓練自己對這個家的一切不做反應，因為長年壓抑自己應有的情緒反應，結果傷了肝。

＊家中動輒得咎的「出氣筒」，因恐懼的情緒而傷害腎氣

也許是對前兩個孩子投入過多，到了老三，父母已經有些「力不從心」。這個女孩似乎是個「爹不疼娘不愛」的孩子，不但父母的關愛較少，還常常成為大人的出氣筒。她雖然從小就意識到自己在家中的「地位」，所以很貼心而努力幫忙家務、照顧弟弟，但「多做多錯」，動輒得咎。

認份而早熟的她很自動自發，從生活細節到功課都不勞煩大人操心，唯獨健康狀況不是她自己可以做主。國小的一次盲腸炎手術之後，健康就每下愈況，然後發現罹患了自體免疫功能失調疾病，身體的免疫系統會攻擊自己的腎臟，造成腎臟長年發炎出血。中學三年級的時候又因為嚴重的腸胃病，一半的上課時數都無法出席。

自覺在家中孤立無助的孩子，常因為莫須有的事遭責難，只要兄弟姐妹吵架，她就是第一個被怪罪的對象，讓小小心靈經常處在恐懼之中。中醫學說「恐傷腎」，害怕的情緒會削弱一個人的腎氣（腎的能量），造成她至今還是因腎臟功能不良而代謝失常，引發身體水腫不消，而且經年累月的腰酸背痛。

＊一再被否定的學習生涯，重創背脊的健康

最小的弟弟向來是最讓兩老頭痛的孩子。他非常活潑，喜愛運動，

又熱愛音樂。但是和大姐一樣，這些興趣都不能見容於升學主義的主流價值，所以強勢的父母又比照「教育」大姐的模式，逼著他放棄所有的課外活動。可是小弟是一隻關不住的自由小鳥，中學三年的日子在親子不斷的碰撞中兩敗俱傷，小弟成了四個孩子當中唯一沒有考上第一志願的「異類」，父母也認為這是自己的一大「挫敗」，讓他們在親友之間抬不起頭。

沒想到接下來的日子更是荒腔走板。小弟想要唸五專，爸媽卻堅持他的人生只有「上大學」一途可走，還說「讀個專科算什麼」？結果小弟連考了四年大學，最後才好不容易考上一所私立學校。也就是說，他一共用了黃金少年的六年時間，埋首高中課程。這其中還有三年時間，過的是重考生暗無天日的生活。這三年對他是個一再被否定的痛苦烙印，他的父母也視為是自己的「奇恥大辱」，家中的高壓氣氛可想而知。

上大學沒有多久，小弟就發作背痛，還曾經數度痛到昏倒，嚴重的時候，必須靠身強力壯的同學背上背下。

小弟目前雖然在補教界做得有聲有色，但是他藝術的天份在被硬生生打壓了十多年之後，依然在體內不斷吶喊，到現在還是難以走出情緒上的困擾。

回想他十多歲時，正是一個人的自我人格形成之際，父母的意志讓他的自我發展受到壓抑，這是種下日後背痛不癒的惡因，而這也是很多正在國中發育時期的孩子都會駝背的主因。

這樣一對出身教育界的父母，談到教育，他們都是專家。他們的強硬堅持，督促子女擁有高學歷和令人羨慕的工作，卻都帶著一身病痛，讓人不禁要問：成功教育的終極目標真的就是高學歷、高地位、高所得嗎？被視為教育典範的成果，背後必須付出這麼高的代價，是否值得？如果一切可以重來，這一家人還會堅持同樣的教育模式，做為他們的人生選擇嗎？是不是有什麼更好的教育理念和方法可以改寫這樣的結局，讓他們的人生更為健康圓滿呢？

Waldorf
Education

前言

錯誤的教育危害思想，扭曲性格，乃至引發肉體的病痛。
正確的教育為一輩子的健康紮根！

＊為什麼病不會好

一位罹患乾癬的二十六歲年輕小姐前來求治。她罹患乾癬已經十年，期間也遍訪過皮膚科，始終不能根治。她的病情其實不嚴重，之所以久久不癒的原因，根據我的研判，實在是因為病人每天都熬夜。我告訴病人，乾癬是一種免疫性疾病，夜間晚睡會造成免疫功能失調，病是不可能好的。這位病人很有心要調整自己的作息，從此每到夜間十一點就上床等周公，可是無論她如何努力就是睡不著，非得苦熬到凌晨三點以後，甚至東方的天空都出現魚肚白了，她的意識才會逐漸朦矓。

我認為睡不著茲事體大，要幫她治病必須先從「安眠」著手，於是開了安神助眠的中藥讓她服用。一個月、兩個月過去，病人仍然抱怨夜間輾轉反側，好似在熱鍋裡「煎魚」。這種情況發生在年輕人身上並不尋常。因為年輕人只要感覺累了，一倒頭就應該呼呼睡去。看來，我必須從病人的心理層面去尋找失眠原因。

我問病人，至親長輩之中，是否有人對她特別嚴厲，讓她深感害怕？這位年輕小姐很篤定的說「沒有」，可是父母在她小時候天天吵架。爭執的導火線，起因於媽媽是活潑外向的人，喜歡找朋友玩，可是爸爸個性保守內向，希望自己的另一半乖乖待在家裡。偏偏媽媽不能忍受呆板無趣的家庭生活，所以兩人成天吵架，嘴巴吵不夠，還要上演全五行，拿刀互砍。她說，每次父母吵架，她都躲在門後面偷偷的看，不敢去睡覺，就怕父母發生意外，自己一覺醒來人事全非。久而久之，她竟然不知道如何睡覺了。後來她的父母雖然離了婚，可是「不知如何睡覺」的陰影卻已經深烙在潛意識中，讓她過著無眠的夜。

當一個難纏之症幾經治療都不見效的時候，我們已經不能單純著眼於肉體的現象。身為一名醫生，應該要認知到：每一個疾病的發生都是在表達一種需要，藉著疾病的發生促使病人獲得某一種能力，以便病人將來可以自由的使用這一能力；所以說，疾病是老天爺給予我們的個別課。

以這位年輕的乾癬病人為例，她的乾癬究竟要表達什麼需要呢？原來，她需要的是「溫暖」與「愛」，可是她十年來所接受的治療，卻都是反覆的塗抹類固醇藥物，這種「不對症」的治療，當然無助於疾病痊癒。

＊生病具有重大的意義

從中醫的角度來看，乾癬是一種「血瘀症」，也就是血液循環不良的病症。年紀輕輕的人何以出現「血瘀」呢？就如病人自己所回憶的童年生活，她每天處在父母打鬧不休的恐怖暴力氣氛下，緊張害怕會讓人全身收縮，肌肉緊繃，經年累月的情緒壓力爆發於外在的，就是皮膚病變。這樣的病變，說明她需要父母的愛、家庭的溫暖。

然而，她的父母不會解讀身體釋放的訊息，只能帶她看皮膚科；而醫生也忽略了病人身體所傳達的真正訊息，所以只會不斷開出「標準用藥」。我後來建議這一位年輕小姐找合適的心理諮商師進行治療。當她學會給自己愛與溫暖之後，也同時決定要為自己做一點事情，展開大刀闊斧的改變。她開始積極的運動，睡眠狀況也逐漸改善，就在恢復正常睡眠的那一個月，她的乾癬便痊癒了。

行醫多年以後，我強烈體會到：身為一名醫生，治療病人的第一規則，就是「盡你的所能，讓病人從這一疾病當中得到利益而痊癒」；畢竟疾病的唯一意義和目的，就是要讓人再度變得健康，而且是身心靈的全面健康。

疾病能讓人產生新的意識，同時獲得更強大的力量。如果生病的人無法從疾病中獲得這些「利益」，那就是白白受苦了。

＊把家庭、學校與醫療的關係，從一直線變成鐵三角

把這樣的信念擴及到教育，身為老師、家長、醫生的人，就應該用正確的方法支持孩子這一過程。這也是為什麼我，一位中醫師，今天要來談教育和健康的關係。

我的工作是協助病人恢復健康，自然會希望所有找我治療的人能把病都治好，完全康復。但是實務上，許多病人不是單純用「辨證論治」的醫學方法就可以治療的。這些人身上究竟發生了什麼事？為什麼常規的治療對別人有效，對他們卻無效？

我實在太好奇了，經年累月的探索之後，我發現醫生其實是在承接病人早年受到大人不恰當對待的惡果。這些不恰當的對待和教育，在病人的物質身體上表現出來。

我們都是有了孩子以後，才學習當父母的，所以儘管都是「為了孩子好」，卻難免犯錯，給予孩子不適當對待和教養。等到孩子上學以

後，在獨尊智育學習的價值觀之下，孩子的情緒和心理需求都容易被忽略，於是這些內在的問題逐漸反映在身體，以病痛的方式表現出來。這時候，就輪到治療病痛的醫生出場了。這便是家庭→學校→醫療，所呈現的一直線關係。

身心是一體的兩面，可是當孩子身體有了病痛的時候，又有多少家長、老師和醫生關注到孩子的心理層面？大家並沒有把「身」與「心」連結在一起，仍舊習慣性的將它們分開對待，所以孩子的一些心理問題遲遲得不到解決，並且在物質身體上逐漸形成更頑固的疾病。等到這個時候，醫生即使動用再好的藥物，也很難治好他們的病了。

我個人以為，家長、老師和醫生這一條直線關係，應該要改變成三角關係，而且形成穩固的「鐵三角」，也就是當孩子出現問題的時候，無論是問題行為或是肉體病痛，它們的原因都是密切相關，需要「鐵三角」的共同會診。

＊很多人原來是可以不生病的，他們的病其實是從小被教養出來的

我每天在診間看到太多受病痛折磨的人，看了幾十年的病以後，我逐漸領悟到很多人原來是可以不生病的，他們的病其實是從小被不當教養出來的。特別是像憂鬱症這一類的情緒障礙疾病，和因為情緒障礙造成的肉體症狀，往往是病人從小受到大人不適當的對待，情緒長期受挫，因而發展出心理和肉體的疾病。

最普遍可見的，就是大人把自己對現實的不滿投射在孩子身上，把全副的期待寄託在孩子的未來，如此焦慮的父母用種種自以為對孩子最好的教育，教養出身心都傷痕累累的孩子。這些傷害可能反映在孩子的

過敏性疾病、過動、欺負與被欺負、性早熟，乃至長大之後的心血管疾病、腫瘤、器官病變、人格異常、動輒輕生、神經系統提前退化等等。

在協助病人對抗疾病的過程中，我才深深體會何謂「菩薩畏因，凡人畏果」。我們凡人都只看到受病痛之累的可怕，卻傻傻的種著惡因而不知後患無窮。如果父母能夠從一開始就種對好的「因」，孩子便不必受惡果的拖磨了。

因為這樣的感慨，讓我開始尋求教育與健康的正確連結。我將會在本書援引諸多中醫學臨床病例，與發源自奧地利的人智學（Anthroposophy），互相對照說明，用來解釋教育與疾病的因果關係。更重要的是，根據人智哲學發展而來的華德福教育（Waldorf Education）體系，能夠從源頭提出正本之道，讓為人父母者提前避免可能的錯誤和不幸。

＊華德福教育的駐校醫師

華德福教育體系的每一所學校，都有一名駐校醫師。他們的工作可不只是在照顧升旗典禮上暈倒的孩子，或是在女學生痛經時給予一顆止痛藥而已。華德福的駐校醫師必須對人類畢生的身心發展過程有全面性的了解，並且可以和家長、老師共同協談孩子的偏差行為和健康問題，以便孩子在成長過程中健全發展。

筆者個人除了目前的診所工作之外，也身兼台中豐樂華德福實驗中小學以及托兒所的駐校醫生，協助家長及老師了解每一個孩子的問題行無背後都有其健康的意義，每一個疾病都代表一種需要。

這樣的駐校醫師制度，在一般的大型學校是幾乎無法實現的，然而華德福教育堅持要讓孩子的身心靈從小就獲得均衡而健康的發展。

我們的國民義務教育裡有一門「健康與教育」課。大家或許覺得這幾個字簡直刻板到極點，很少深思過健康與教育的深重意義。沒錯！教育才是健康紮根的基礎。錯誤的教養所造成的健康傷害，很難事後補救。父母正確的教養方法，才是孩子畢生健全的人格與體魄發展的起點。父母若是明白「健康與教育」的正確因果，相信醫院就不會人滿為患，醫生也不必天天為補救錯誤教育的惡果而徒呼負負了！

許姿妙

Waldorf Education

導讀一

你這樣教孩子嗎？

錯誤的教育比不去教育害人更深。
孩子的許多疾病是教養出來的結果。

我有個罹患強迫症的小病患，被一種不明的力量驅使，每天不停洗手，雖然明知不該再洗了，但她就是沒有辦法克制洗手的衝動，最後逼得父母不得不帶她去看心理醫生。

孩子的媽媽對醫生大吐苦水說：「我們家再正常不過，為什麼會養出強迫症的孩子呢？」

父母看自己的教育，認為沒有瑕疵，可是在外人看來，其實老早在孩子小時候，父母就為她埋下患病的伏筆。還記得這對父母從孩子小時候就不斷教育她，外面的公共場所細菌太多，所以碰門把之前，一定要先用衛生紙包裹住門把。他們住宿在飯店，必須自備毛巾和浴巾，用毛巾包住枕頭，浴巾則墊在身體和被褥之間，「隔絕」細菌。

在這樣戒慎恐懼「防堵外界細菌」的教育下，小孩的強迫症只是「青出於藍」的必然結果。孩子的病，父母絕對難辭其咎，但是他們顯然都不自覺教育出了問題。

還有個四十歲的男性憂鬱症病患，長年深受情緒問題困擾，最近八年來，每天都要吞服十五顆安眠藥才能入睡。病患是爺爺奶奶帶大的孩子，六歲前在鄉下過著自由自在的開心日子，七歲以後才回到大城市與父母同住。

他的媽媽是做事一板一眼、個性認真嚴肅的小學老師。這個原本個性不受拘束的小男孩，回到父母家以後成天被嚴謹的媽媽挑剔，他感覺自己無論怎麼努力也達不到媽媽的要求。媽媽則為這個「不受教」的孩子氣得七竅生煙，處罰的手段也愈來愈變本加厲，就是希望他能心生警惕，不要再小過不斷。

他這輩子最沒齒難忘的一次處罰，是在小學時候。當時他就讀媽媽帶的班級，儘管媽媽對他總是疾言厲色，小男生還是難改調皮本性，一時惡作劇，掀了班上女同學的裙子。

這種行徑看在身為導師的媽媽眼中，簡直不可原諒。媽媽立即處罰他，要他當著全班同學的面前脫下自己的褲子，這個令他喪盡顏面的處分深深刺傷他的心靈。如今回想起來，他才知道自己其實早在高中的時候就已經罹患憂鬱症。

從他上學的第一天開始，媽媽就不斷要求他在學業上求最好的表現，將來考上臺灣最高學府。無奈事與願違，他後來考上中部一所歷史悠久的私立大學，這讓他感到羞恥難當，至今依舊認為自己非常「見笑」，也辜負了媽媽的期望。

就是這樣不斷自我否定的成長經驗，讓這一位已到不惑之年的大男人始終糾纏在情緒的困境中無法自拔。

所以說，教育和健康有絕對的因果關係。教育的目的，應該使人的生理、心理更健康，因此教育要以健康為導向。說得更危言聳聽一點，錯誤的教育比不去教育害人更深。錯誤的教育會危害思想，扭曲性格，乃至引發肉體的病痛。

不當的教育會造成心理失衡，一旦失去健康，再多的金錢、再高的學識都無用武之地。

親愛的父母，你希望自己的孩子將來過著什麼樣的生活呢？是在事業上很有成就，但是帶著一身的病痛？還是身體很健康，心情很愉快，但或許事業上沒有所謂「顯赫的豐功偉業」呢？如果你希望孩子將來同時擁有健康快樂與成功，那麼你真的有必要了解「華德福教育」。

導讀二

請問教育的目的是什麼？

> 教育的目的是使孩子意志、情感、思考三者健全而均衡的發展。

自然界裡充滿了植物、礦物、動物與人類。我們都知道自己和植物、礦物大不相同，但是我們和動物的區別就不是那麼明白了。

人之所以與「畜牲」有別，最基本的差異還是在於「畜牲」的「動物本能」比人類強。「畜牲」與生俱來的知道如何找尋食物、該怎麼交配、生病了要吃些什麼，牠們早早就能離開父母身邊，獨立自主。人類的嬰兒卻什麼都不會，必須透過長年的學習，才能夠自立而活命。

所以說，教育最原始的目的，就是學會「活命」，而且是「健康的活下去」。因為沒有健康，就會成為被淘汰的高危險群，連立足之地都沒有。

想要「健康的活下去」，體魄強健是最基本的條件。但是體魄不可能空有軀殼而獨活，因為人有靈性，還有精神層面的需求，「有體無魂」是談不上健康的，所以我們還必須照顧到心靈與精神的層面。

也就是說，教育的目的在於使人「健康的活下去」；要想「健康的活下去」，就要同時兼顧「身心靈」的健康。

如果有兩個選項，讓你二選一，你會選擇孩子健康快樂，但社會成就普普通通？還是社會成就顯赫，但多病憂愁呢？

十之八九的父母應該都寧願要孩子健健康康，而不計較外在的社會條件吧！

再倒回孩子的學生時代，同樣給你二選一的選項，你是要孩子課業表現突出，可是個兒小長不大，成天鬧病痛？還是健康活潑，發育良好，但是功課表現普普通通呢？

絕大多數的父母應該寧可要孩子健康快樂，至於學業成績就不多計較了吧！

理論上是這麼說，然而回到現實生活中，一旦你有了孩子，孩子又到了入學的年齡，事情恐怕就不是這麼簡單了。

你會成天擔心：我的孩子書讀得不怎麼樣，在學校會不會失去競爭力？他這個樣子，將來出社會，能打敗眾多的競爭者，掙一口飯養活自己嗎？這樣的擔憂往往會使父母的價值觀開始產生偏差，並且用錯誤的方法對待孩子。

有個剛從大學法律系畢業的女孩，為了治療蕁麻疹，已經服用過許多類固醇及抗組織胺，因為病情仍然反覆發作，所以改而向中醫求助。我要求病人食用排毒餐，內容是三餐都吃糙米飯，搭配青蔬水果，連續執行一星期。陪在一旁看診的女孩媽媽一聽，立刻反應激烈的說：「這怎麼可能？她又不會煮飯，一個人住在外面，哪有糙米飯吃？」我建議她買一個電鍋，自己煮糙米飯，其他配菜可以在外面買現成的，這麼一來就能輕鬆解決問題了。

女孩的媽媽仍然堅持：「不行啦，她從小就只會讀書，不會做家事。而且她現在正在補習，準備考書記官，每天都很忙。考完書記官，接著又要考托福，到美國留學，我還計劃讓她到美國讀雙碩士呢！」

她連珠砲似的講了一長串，我卻是滿頭霧水，有聽沒有懂。

我問這位媽媽：「孩子都要出國留學了，為什麼還考書記官呢？」

媽媽說：「唉，我就是怕她拿到碩士學位以後找不到工作，所以要先留後路，把書記官考起來放好，萬一將來工作都沒有著落，至少還有個書記官做。」

我又問：「那為什麼一定要雙碩士，不唸一個博士呢？」

媽媽得意的說：「這妳就不知道了。博士只有一項專長，雙碩士就有兩項專長，將來找工作，專長愈多機會愈多呀！」

聽完媽媽的話，我搖頭歎息。這孩子從小到大功課那麼優秀，可是生活能力卻很低，除了讀書，什麼都不會，連用電鍋煮一鍋飯都有困難。她擔心畢業後找不到工作，所以專長要讀兩種，可是讀了兩種還是不安心，又得考一個備用的職位。也就是說，讀書讀到後來，可能會找不到工作，養不活自己，那麼，只會讀書根本沒有用嘛！

這樣的教育，製造了那麼多百無一用的書生，是社會之福嗎？是父母之福嗎？甚至，是這些書生之福嗎？

Waldorf Education

導讀三

台灣的父母，你為什麼焦慮？

> 在各行業中具有競爭力的強者，
> 其共通點無不是思考力、意志力與情感三者兼備。

如果問現在的台灣父母最擔心孩子什麼？我想，絕大多數的父母應該都害怕孩子在競爭激烈的社會中成為弱勢的被淘汰者，所以人人希望孩子是「有競爭力的強者」。

為了讓孩子具備足夠的競爭力，太多父母早早給孩子全副武裝，不能讓他們在學業上輸給人。

過度強調知識的學習是出人頭地的唯一指標，雖然造就許多讀書的能人、學業成績的佼佼者，但是誰又能保證孩子擁有金飯碗或鐵飯碗，將來一定高枕無憂，不會被社會所淘汰？

現在有多少高社經地位的大學教師，面臨少子化以後的工作不保；還有多少歸國博士，年復一年的投遞履歷，就是遍尋不著工作。曾經是人人稱羨的律師、醫生行業，現在的收入和地位也大不如前，同樣要為招攬客戶和病人傷透腦筋。

這樣的結果是不是和很多父母當初規劃的美好藍圖相差十萬八千里呢？在十倍速變化的時代，我們眼前為子女精心鋪陳的人生、設定的未來康莊大道，或許五年、十年後，就經不起環境的丕變而全變了調。

所以，會讀書、學業成績好，未必能成為「有競爭力的強者」，而擁有高社經地位，如果不具備健全的人格特質，也不保證不會被社會所淘汰。

那麼，父母究竟該怎麼辦才好呢？

和天下父母一樣，這個問題在我的腦子裡千迴百轉，直到接觸人智醫學，又綜合我在中醫學上的臨床應用心得，終於逐漸了悟了真正的答案——為人父母者所要的，其實是教養出思考力、意志力與情感三者健全而均衡發展的孩子。

思考能力發達、意志力堅強，但是缺乏情感的人，因為過度理智，會成為沒有柔軟心的冷血動物；正如同現在的台灣教育，使孩子的生命與地球的其他生命體缺乏連結，沒有讓他們感受到人世間值得留戀的美好經驗，所以自殺事件頻傳，年輕人輕視自己的生命，說走就走，毫不留戀。而意志力薄弱的人，縱使有高人一等的頭腦，但經不起挫折，終究一事無成。

「行行出狀元」，各行各業的狀元都是在競爭中脫穎而出的佼佼者。他們不管做黑手、擺攤子，還是從事藝術或科學工作，都有顯而易見的共通點，就是思考力、意志力與情感三者兼備。

同樣是賣牛肉麵，有人賣到倒店，也有人門庭若市，連鎖店一家接著一家開張。不要以為煮麵就不用腦筋，要做出一碗「冠軍牛肉麵」，必須結合一再突破瓶頸的專業技巧（思考能力）、對品質的堅持（堅強意志力），並且傾注全副的熱情（豐富的情感）。

做了十多年的日本長青節目「電視冠軍」，在台灣也擁有廣大的觀眾群，我們在節目中見識到這些冠軍如何在專業上發光發熱。能贏得最後勝利者，都是通過嚴酷的思考、意志力與情感的考驗，方能脫穎而出。每次在電視機前跟著參賽者一同煎熬，最後又陪著他們一起歡呼，如同洗了一場三溫暖，如此驚心動魄的競爭過程，其實正在啟發我們何謂「有競爭力的強者」。

第一篇 孩子準備好了嗎？

——生理發展與腦部發育都有其內定的時間表

大家應該都玩過投接球遊戲吧！一顆球被拋來拋去，你投我接，我傳你接，這樣的遊戲要玩得好，就要設法讓球不落地；要讓球不落地，彼此必須有默契，選定對方有所準備的時候出手。

當對方眼睛直視著你，身體面向著你，擺好陣勢，摩拳擦掌，所有的肢體訊息都告訴你「我準備好了」，你才會將球投出去，因為這樣最能夠讓你們「接個正著」。

趁人不備，一球投出，這是在「攪局」、「惡搞」，遊戲玩不成，還讓人很掃興。

教育孩子的道理，也像是玩投接球遊戲，必須等孩子「準備好了」，才能出手。否則，即使你有一整座寶山，投出去只怕會把孩子砸得鼻青臉腫，根本無福消受。

學習講求時機，不能用大人的一廂情願，要給就給。給錯時間亂亂教，將催毀孩子的神經系統，潰散他的自信心，造成孩子一輩子揮之不去的身心折磨。

你知道孩子準備好了沒有嗎？你知道什麼時候該給孩子投出什麼球嗎？

關於這些問題，中醫學的老祖先早在幾千年前就告訴我們了，而華德福教育則給了我們更紮實的方法與實踐依據。即，孩子獨立成為完整而成熟的個體，需要二十一年時間，期間歷經每七年一個階段；循序而進，可以達到最佳的教育成果。

＊人體生理發展的時間表

我在本書所有闡述的教育觀，是從我的本行中醫學出發，同時融合西方的醫學與教育理念，尤其是奧地利哲學家魯道夫・史戴納(Rudolf Steiner)博士提出的「人智學」而成。

初次接觸人智學，我嘖嘖拍案，簡直不敢相信一位西方學者所提出的教育概念，竟然與中醫學有這麼多不謀而合之處。史戴納博士是一位高瞻遠矚的教育哲學家，他完成這一套哲學理論的最大目的，是要呼籲西方人切莫過度物質化。

西方自從工業大革命以後，思想便強烈傾向物質化，衍生出凡事講求實證的科學觀，一切都要「眼見為憑」。相對之下，東方對「無形世界」就保有更多的想像和容許的空間，並且肯定精神世界的存在。史戴納博士想要喚起西方世界重新認知「靈性世界」，明白宇宙不是只有物質而已。日後又以人智哲學為基礎，發展出華德福教育（Waldorf Education）、人智醫學等。

人智學和中醫學都以七年為一週期，區分人的發育成熟階段。而經由史戴納博士的研究區分，可以明白學習是有其時間表，以及最佳時機的，這一點對教育者而言非常重要。父母如果不懂得循序漸進的道理，孩子就遭殃了。常聽一些父母抱怨孩子說，都幾歲了，為什麼連這點小事都不會，好像孩子一生下來就該這也會那也懂。

正如我們都是成了孩子的父母，才開始學習如何當稱職的父母；在扮演父母這一個角色上，我們是跟著孩子一起學習成長的。孩子獨立成為完整而成熟的個體，需要二十一年的時間，期間歷經每七年一個階段的蛻變。大人如果不知道什麼時候該給孩子什麼，孩子就會陷入身心混亂的狀態。

人智醫學劃分的人體生理發展階段

- 0歲至七歲發展神經感覺系統。此時使用圖像式思考，所以太早學寫字是沒有用處的。
- 七歲到十四歲發展節奏系統（心肺系統）
- 十四歲到二十一歲發展代謝系統和骨骼四肢系統。（孔子說「吾十有五而志於學」，正可與此相呼應，說明十五歲時進入思考式的學習。）
- 二十一歲到三十五歲之間，正值生理最強壯的巔峰期，卻同時也是承擔事業和家庭壓力最大的時期，由於心力消耗大，所以最容易罹患身心症（自律神經失調）。（孔子說「三十而立」，亦即，人到三十歲，頂天立地，知道自己的責任，並全力以赴。）
- 四十歲以後，身體機能逐漸衰退。生理上，最晚發育完成的代謝系統和骨骼四肢系統先走下坡。許多女性在三十五到四十歲以後，呈現嘴唇顏色變深、臉色發黃的變化，說明消化系統已經開始衰退。人到這時候，行走不再輕盈，肢體變得僵硬，不復年輕時的靈活。
- 五十歲以後，心肺功能逐漸衰退，出現心臟病、高血壓等症狀。
- 六十歲以後，神經感覺系統逐漸退化，出現視力不良、知覺退化、失智症等。

人體生理發展的時間表

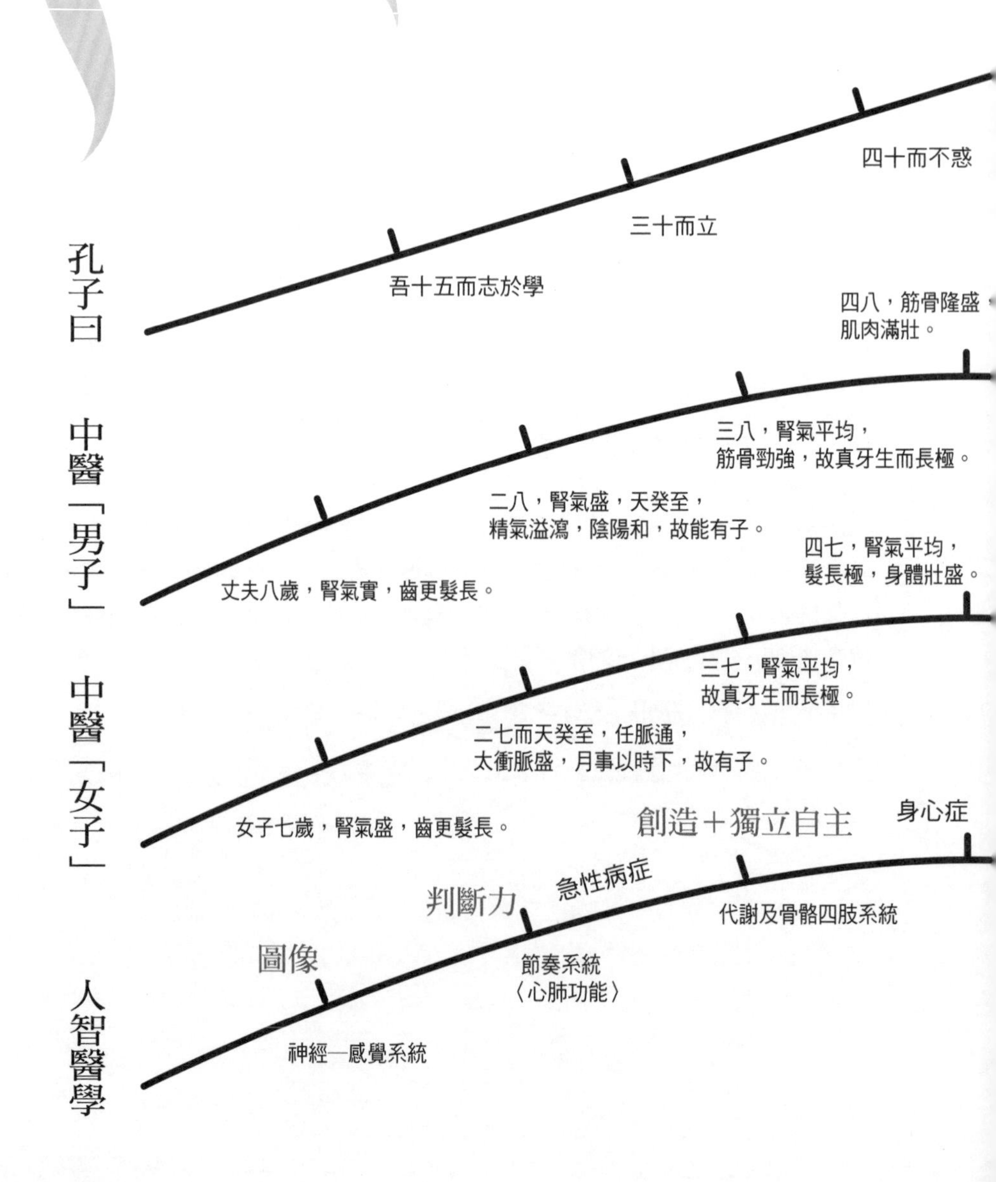
孔子曰
吾十五而志於學
三十而立
四十而不惑
中醫「男子」
丈夫八歲，腎氣實，齒更髮長。
二八，腎氣盛，天癸至，
精氣溢瀉，陰陽和，故能有子。
三八，腎氣平均，
筋骨勁強，故真牙生而長極。
四八，筋骨隆盛，
肌肉滿壯。
中醫「女子」
女子七歲，腎氣盛，齒更髮長。
二七而天癸至，任脈通，
太衝脈盛，月事以時下，故有子。
三七，腎氣平均，
故真牙生而長極。
四七，腎氣平均，
髮長極，身體壯盛。
人智醫學
圖像
神經—感覺系統
判斷力
急性病症
節奏系統
〈心肺功能〉
創造＋獨立自主
代謝及骨骼四肢系統
身心症

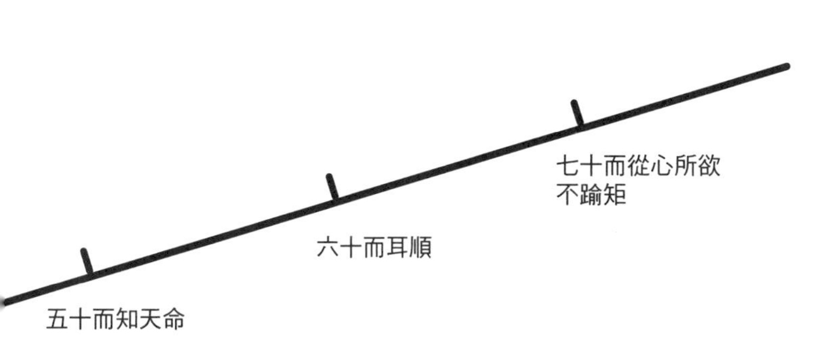
七十而從心所欲
不踰矩
六十而耳順
五十而知天命

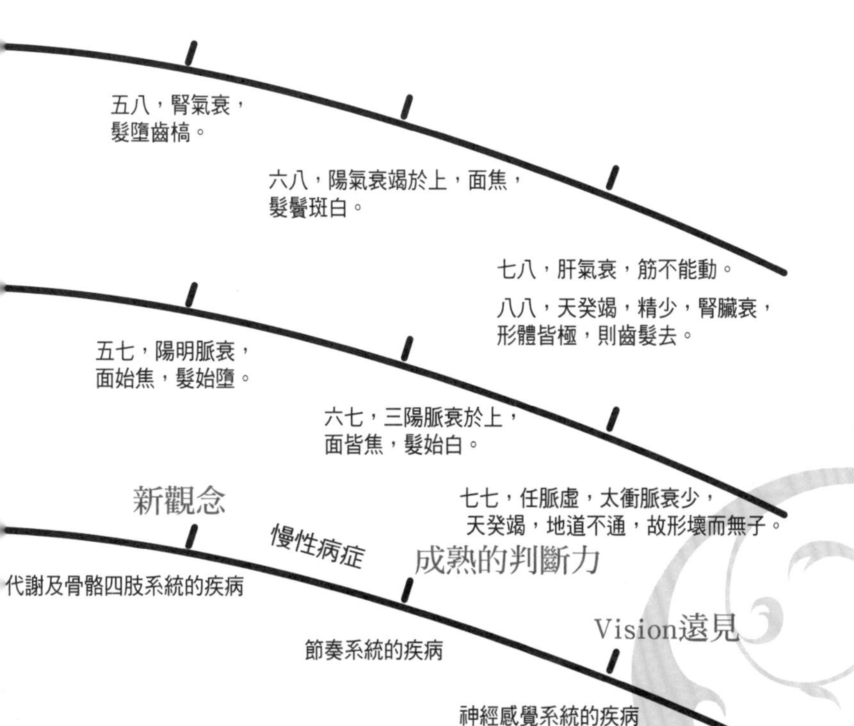
五八，腎氣衰，
髮墮齒槁。
六八，陽氣衰竭於上，面焦，
髮鬢斑白。
七八，肝氣衰，筋不能動。
八八，天癸竭，精少，腎臟衰，
形體皆極，則齒髮去。
五七，陽明脈衰，
面始焦，髮始墮。
六七，三陽脈衰於上，
面皆焦，髮始白。
七七，任脈虛，太衝脈衰少，
天癸竭，地道不通，故形壞而無子。
新觀念
慢性病症
成熟的判斷力
代謝及骨骼四肢系統的疾病
Vision遠見
節奏系統的疾病
神經感覺系統的疾病

從以上的發展理論可以得知，孩子最早發育的神經感覺系統也是最後退化的，終其一生必須要運作七、八十年的時間，父母如果不能把握孩子零至七歲的七年間正確發展其神經感覺能力，那麼知覺退化、失智症都要提前報到。

這一套理論看在各位父母眼中有什麼意義呢？很簡單，它標示了孩子各階段的教育目標，也就是七歲前培養孩子堅定的意志力，十四歲前養成孩子豐富的情感，二十一歲前訓練孩子良好的思考判斷力。循序而進，將可養成意志力、情感與思考力三者兼備的獨立個體。

＊提前學習，是在摧毀孩子的神經系統

人類從出生到七歲之間，主要發展神經感覺系統，而神經感覺系統的中樞在大腦；這也就是說，七歲前的人體發展，是以腦部為主角。正因為如此，三歲前的孩子頭部顯得特別大，腦袋和身體的比例明顯與大人不同。

這三年之間，由於腦部細胞迅速發展，所以許多現代教育就發明了「有助腦部開發」的手段，想要幫孩子變得更聰明，甚至是成為天才。這些方法包括零歲教育、幼兒認知啟發、讓孩子看電視、幼兒數學教育等等，其實這些方法並不會讓孩子真的變聰明，反而是在過度刺激孩子，摧毀他們的神經系統，並且阻礙孩子學習使用及掌控自己的身體。

至於什麼樣算是「過度刺激孩子的神經系統」呢？

電視、電腦的聲光，或是常帶孩子去人多的餐廳、逛百貨公司，甚至是讓孩子晚睡（也就是醒著的時間太長），都是給予腦部神經過度的刺激。當孩子開始回應這些過度刺激的時候，就會發生情緒不安定、過動等問題。

醫學統計發現，不少過動兒的父母都晚睡，孩子也跟著大人作息，造成小孩清醒的時間太長，接收了太多不必要的神經刺激，引發過動症。

許多過動症的家長對孩子的病因百思不得其解，而其實，病因就只是「太晚睡」這麼簡單！

嬰幼兒都是頭大身體小，但是四歲以後，他們的身體會逐漸朝向大

人的頭身比例發展。然而，現在的父母執著於「三歲定終生」的迷思，太早讓幼兒接受認知上的學習，過度使用腦部，導致身體發展遲緩。這樣的孩子直到上了小學，頭身的比例仍然像嬰兒一樣，頭大身小，四肢乾瘦。

那麼，什麼時候才是讓孩子接受認知學習的適當時間呢？

《黃帝內經》說：「女子七歲腎氣盛，齒更髮長。」又說：「丈夫八歲腎氣實，髮長齒更。」這兩句話都是在告訴我們，當孩子掉第一顆牙的時候，就是腦部開始進入認知學習的時候。中醫學說「腎通於腦」，孩子腎氣充盛，腦部能量充足，才是真正進入學習的適當時機。

牙齒是人體唯一換過一次就完全不會再生的器官，因此當學齡孩童掉第一顆牙的時候，這一顆牙釋放的生命力就會進入腦部，成為發展智力的能量。至於其他器官的生命力，則主要用來進行各自的器官細胞再生，有剩餘的能量時，才會轉化為智力的能量。因此，孩子掉第一顆門牙與否，就成為他是否準備好進入學習的指標。

不但如此，人在思考的時候，所使用的是消化系統的能量。讓孩子從幼兒時期就開始用腦思考，會削弱孩子的消化功能，形成中醫所說的「脾胃虛弱」。這樣的孩子胃口不佳，對營養的吸收利用差，連帶影響發育速度。所以說，智力的學習急不得，必須等到十四歲左右，孩子的身軀已經長得夠大了，再來動腦，以免影響身高發育。

＊提前用腦力，迫使小女孩性早熟

我一個朋友的女兒，幼稚園才畢業，正準備進小學。她帶小女孩去檢查牙齒，牙醫一看，不能置信的說：「這孩子不過六歲，為什麼牙齒已經換到九歲的程度了？」

媽媽聽了大驚失色，連忙打電話問我：「怎麼辦？我的孩子既不吃糖果，也不喝飲料，飲食作息都十分正常，為什麼還掉那麼多牙？她的牙掉得這麼快，都還沒上小學，換牙的程度已經和三年級孩子一樣了。」

追究原因，這孩子在幼稚園就學了很多數學加減法，接受了很多認知訓練，她本身又是火相氣質（關於人的氣質分類，請見第二篇）的孩子，在學習上十分認真好強，於是把牙齒的生命力都提前拿到腦部去用了。這時候的孩子，在生理發展上其實還不到用腦去認知學習的時候，但是學校安排這樣的課程，強迫孩子學習，個性求好的她又全力以赴，所以牙齒的生命力提前消耗，乳牙早早就掉，成人齒也遞補上來了。

從她的牙齒來看，這孩子的發育提前了三年，果然，就在她國小二年級開始有了乳房發育，國小三年級來初經，這便是現代常見的「性早熟」。像這樣的個案，我接觸過好幾例。小女孩才國小三、四年級就來初經，來了初經以後，身長便不容易抽高了。

很多人都把孩子的性早熟歸咎於吃了太多含有賀爾蒙的肉品，或是高油脂食物。可是嚴格控管飲食的家庭，還是可見性早熟的孩子，讓父母感到很挫折也很無助。他們有所不知，原來過早的認知學習，也是在強迫腎氣提前發展，造成性早熟。

我所接觸的幾個乳牙提早脫落、初經提前來到而長不高的小女孩，都屬於火相氣質的孩子。火相的特質讓她們都勇於接受困難挑戰，不輕易認輸，所以即使學校的課程難度分明已經超齡，她們也堅持學習到底。同樣的事情發生在其他氣質的孩子身上，結果就不同了。

例如，我另一個朋友的女兒是風相氣質的五歲孩子，老師常向我這位朋友反映，說孩子上課都不專心。朋友憂心忡忡，擔心孩子是不是有學習障礙。身為華德福學校的駐校醫生，我對此一點也不擔憂，甚至認為這是必然的結果。原因很簡單，對幼稚園的孩子進行認知教育，本來就不恰當；而對風相的孩子來說，這樣的學習簡直無聊透頂，所以他們會在課堂上突然站起來唱歌跳舞，成為老師的困擾。

從以上兩例，可以對照出不同氣質的孩子，對超齡學習的表現南轅北轍。在相同的學習體制內，風相的孩子並不強迫自己去做過度認真的學習，所以比較不會因而發生性早熟，卻會成為老師眼中的頭痛人物；火相性格的孩子勉力學習，是師長心目中自動自發的好學生，但也因而迫使身體提前發育，引發性早熟。

*沒有安全感的孩子，在學習能力上居於劣勢

相信所有的家長都想要知道，有什麼方法可以讓孩子的腦部發育達到最佳效率？我的答案就是：「讓孩子感到自己和父母之間擁有安全的關係，就可以協助孩子有效發展腦力。」做法是當孩子小時候，因為害怕、無助、難過而哭泣的時候，家長願意給予愛、溫暖、照顧與同理心，並且溫柔對待，加以安慰。這樣的對待關係，會讓孩子感到安全和被愛。孩子在童年的時候擁有愛與溫暖，長大以後，學習任何事情都容易上手。

這是因為足夠的愛讓他們充滿安全感，不必承受不必要的壓力，於是讓腦部的結構發展較為堅固而健全，這樣的孩子情緒也會十分穩定，將來面臨社會嚴酷的現實考驗，能具備極佳的抗壓能力。

心理研究顯示，三歲之前沒有得到充分擁抱，或是沒有玩夠的孩子，他們的腦部會比同年齡的孩子小百分之二十到三十，而若是受到大人的侵害（abuse），孩子的腦部會變得異常敏感。

這裡所謂的「侵害」，並不一定指「性侵害」這麼嚴重的情節，貶抑孩子、打罵孩子、甩孩子耳光、打孩子的頭、背叛對孩子的承諾、對孩子冷言冷語、恥笑孩子、冷落孩子不給予關愛、給予孩子不喜歡的生理接觸（像是用力捏孩子的臉頰，說「你好可愛喔——」，或是孩子不想要擁抱的時候，你卻強行擁抱他）等等，都屬於「侵害」的行為。大人對孩子早期的種種侵害行為，都會在孩子的腦部產生特別的破壞。而這些破壞的嚴重性，是大人遠遠無法想像的。

所謂的「嚴重」，究竟是多嚴重呢？科學家研究童年時期曾遭到侵

害（被打罵）的自殺者，發現他們大腦的海馬迴明顯變小。這一變化來自於基因的改變。

我們知道經驗是腦部的主要建築師，孩子早年的經驗會在腦部建構成一種模型，往後的成長過程都將圍繞著這一模型來發展。我們所有經驗過的事件，會改變腦部建構的模型，在我們的基因上產生變化。童年時期面臨太大的壓力（包括不被愛的壓力），基因的某些位置將會被鎖死，無法傳遞細胞複製的訊息，所以經由這一過程複製出來的基因會與原來的細胞不同。童年受到侵害的孩子，腦部海馬迴的細胞因而發生細胞變異，導致海馬迴逐漸變小。

海馬迴的功能關係到理解力、記憶力、創造力、計畫組織力、方向感、想像力、表達力、信任感、意志力以及自我覺察力等。海馬迴的縮小，代表以上的功能都將受到影響而變差。

＊學習壓力如何傷害幼兒的腦

絕大多數父母都非常關心孩子的智力發展，認為只要孩子夠聰明，學習就變得輕鬆容易，所以總是窮其一切可能的、自認為好的方法，想要提前開發孩子的腦力，讓他們變得更聰明，以便「贏在起跑點上」。但是超齡的學習，不只是在孩子的心理上造成很大的壓力，這些壓力還會損傷孩子的腦部發育。

壓力除了透過基因的改變，使海馬迴變小，還會透過腎上腺所分泌的糖皮質激素，去傷害腦部。當孩子長期處於壓力之下，腎上腺所分泌的壓力賀爾蒙會大量增加，影響腦部神經突觸的訊息傳遞。也就是說，孩子生活在慢性壓力之下，他的腦部神經細胞將無法生長，說是「壓力殺死腦神經細胞」，一點也不為過。

這一現象特別可見於腦部在發展神經感覺系統的階段，還有腦部需要快速適應不同年齡階段發展的時候。這時期若給予孩子太大的壓力，神經細胞將無法生長。換句話說，強求兩歲的孩子學習三歲的功課，將會破壞孩子的海馬迴，影響海馬迴的重要功能。

很多大人都以為孩子哪會有什麼壓力，尤其是幼兒，每天吃飽了睡，睡飽了就玩耍，日子好過得很呢！大人不知道自己經常在求好心切下，給孩子製造了很多不必要的壓力，結果讓他們未蒙其利，先受其害，反而限制了孩子日後的腦部發展。

＊人生的第一個七年（0歲至七歲），培養孩子堅定的意志力

人終其一生的所有生命都來自這一口「氣」（生命力）。氣對肉體有「塑形」的功能，塑造出人的意志力、情感和思想。一個意志堅定、情感豐富、思考判斷力佳的人必定會成就非凡。

人的意志力在七歲以前形成。而意志力的完成，必須有物質身體的支撐。例如，一個人意志再堅定，如果已經三天沒吃飯，也不可能完成玉山攻頂的夢想。

意志力是成就的第一要件。教育十四歲前的孩子，尤其是七歲以前的學齡兒童，最重要的生命任務就是「長身體」。父母必須給予他們肉體（物質身體）能夠不斷壯大的環境，讓他們學會使用身體，而不是要孩子勤做功課，學ㄅㄆㄇ或ABC。

七歲前的孩子發展神經感覺系統，看書、動腦這種認知的學習讓原本夢幻的孩子太早醒覺，以致摧毀神經系統。人體所有肢體動作都是由大腦控制而來，這時候多活動肢體，才能刺激腦神經發育。因此七歲前的孩子沒有別的功課，就是不斷的用手、用腳、用身體去遊戲和做事。不要輕看遊戲，捏泥巴、玩堆沙的肢體活動，都可以刺激手腳的末梢神經，將神經訊息傳達到腦部，刺激腦神經發展，鍛鍊堅定的意志力。

◎七歲前的孩子，除了玩還是玩

有個幼稚園的小病人罹患異位性皮膚炎，每天像猴子似的不停抓搔，癢得晚上都不能睡。他雖然動作像小猴子，兩個黑眼圈卻好似熊貓

一樣。我告訴孩子的媽媽說，從現在起要好好醫治皮膚病，為了補充孩子一直不足的睡眠，應該讓他向學校請假一個月，每天在家好好睡覺吃飯。

媽媽面有難色的說，孩子唸的雖然是幼稚園，不過學校也有「功課」要學習，她怕孩子休息一個月，功課會跟不上其他小朋友。

我納悶，在幼稚園不就是玩嗎？玩有什麼跟不上的？媽媽說，學校有算數的加減和注音符號的學習課程。我勸她說，孩子直到七歲掉牙之前都是不長記性的，這時候讓他學ㄅㄆㄇ或ABC，都是事倍功半。七歲前的孩子還很夢幻，尚未發展意識。自我意識沒有發展形成的他們只有情緒，想哭就哭，要生氣就生氣，所以很多父母都覺得孩子像動物一樣，尤其是七歲以下的孩子，根本就是野獸。他們沒有自己的思想，凡事憑直覺和情感來表達。

父母抱怨孩子「怎麼教都教不會」、「都講幾百遍了，他怎麼還是想不通」，這其實一點都不奇怪。因為孩子還太小，根本就尚未學習思考，又怎麼「想得通」呢？

太早讓孩子把應該充實身體的生命力移轉到腦部去學習，孩子的身體就不長了，變得又瘦又小；不讓他去外面活動，把他的身體束縛在教室裡東想西記，他的四肢不舒展，腦神經得不到良性刺激，反而是在限制他將來的腦部發展。諾貝爾化學獎得主、前中央研究院院長李遠哲從小在新竹的鄉下長大，他小時候自在遊玩，爬樹爬出了今天的成就，就是最好的例證。

◎大人對孩子說話的態度，會左右他的心跳和呼吸，影響將終其一生

此外，大家千萬不要忽略了，七歲前的孩子還沒有發展出自我意識，所以他的感官是對外開放，和世界合而為一的，因此大人對待他的態度和講話的速度，都會影響他的心跳和呼吸。個性急躁的父母會讓孩子在整個成長過程，甚至終其一生都感受到喘不過氣的壓力，並且十分焦慮。所以大人和七歲前的孩子說話，應該輕聲慢說，以便穩定孩子的性情。

我們常常可以在路上看到小孩哭得肝腸寸斷，大人則在一旁訓斥，試圖要和他「講道理」。

「你到底要怎樣？用說的，不准哭。你一直哭，我怎麼知道你想要什麼？」我說，父母簡直是白費心機了，用言語表達情緒其實是一件很困難的事，先不說小孩，即使是大人也做不好。有些朋友面色鐵青，說是和另一半吵架了。你問他在氣什麼？他想了半天，整理不出頭緒，最後嘆了一聲說：「唉，我也說不出來，反正就是很氣啦！」

大人都講不出來，又怎能奢求孩子用言語準確表達自己的情緒呢？所以遇到孩子哭的時候，大人不要強逼他閉嘴，或是要他「講道理」。我們能做的，就是摟著他們，讓孩子感受到你的愛與包容，孩子慢慢就會安靜下來。

有一回我去日本，回程中，在當地機場大廳候機，見到一位媽媽帶著她的小男孩，旁邊是小男孩的一對祖父母，祖孫三代共四人也在候機。這個小男孩不停哭鬧，吵著要爸爸開車來接他。媽媽試著跟他講道理：「爸爸開的是汽車，不是飛機呀！他如果開車來日本接我們，會掉

到海裡，我們還是回不了家。」但是小男孩根本不理會，仍然使勁的哭鬧：「我要爸爸來載我，我要爸爸來載我……」

媽媽耐著性子，苦口婆心想要讓小男孩「明白道理」，可是小男孩根本不領情，繼續在大庭廣眾之下哭得聲嘶力竭。漸漸的，媽媽也失去耐性，開始生氣了，阿嬤趕緊出面圓場：「你看，媽媽都生氣了，你這孩子怎麼都講不聽，這麼愛哭呢！」不講他還好，阿嬤一講，孩子哭得更傷心了。最後連阿公都看不下去，板起臉訓斥小孫子：「怎麼都講不聽呢！大家都好言跟你說了，你就是愛胡鬧。你到底想哭到什麼時候！」

我看著這孩子，從開始有情緒，到惹惱所有的人，過程有幾十分鐘的時間，三個大人都沒有把他抱起來，帶他離開候機室那個空氣污濁、人聲吵雜的環境，也沒有人安慰他，只有如出一轍的「講道理」。小男孩之所以哭得呼天搶地，其實只是想要表達他不舒服、難過的情緒，可是媽媽只顧一個勁兒的「講道理」，卻抱也不抱他一下，發現道理講不通，就根本不想理他了。

類似這樣的情節，每一天都在無數幼兒的家中上演。孩子想藉著哭鬧表達情緒，大人卻一無所知，結果讓小孩感覺大人不愛他，而一籌莫展的大人頻頻抱怨孩子真是愛胡鬧的「磨娘精」。

我的女兒就是生來很敏感的孩子，她小時候沒事就哭，還哭到有如天崩地裂，話更說不清了。她說不出問題在哪裡，我們只好拼命猜。有一回，她哭著不肯去上學，「是老師打妳嗎？」「是同學欺負妳嗎？」當我們一直猜的時候，就是引導她去感覺自己傷心難過的原因。最後她終於「理出頭緒」，說道：「小朋友都不跟我玩。」

七歲以下的孩子，無法用話語明確表達心思，可是他們聽得懂大人說的話，所以大人和他們玩「猜猜樂」的時候，就是在幫他們理出思緒，當所有的選項都不對的時候，答案也呼之欲出了。

◎小兒發燒，是為了換掉得自父母的不良遺傳細胞

零到七歲，是人生第一個七年，也是拋棄舊身體，形成新身體的重要階段。

所謂舊身體，是從母體帶出來的皮囊。這一具承襲自父母的肉體，可能帶有遺傳病的基因，所以孩子必須在七歲前換掉全身所有的細胞，才能擺脫可能的遺傳疾病。

孩子用來更換新舊細胞的方法，就是「發燒」。藉由一次又一次的發燒，孩子才得以換掉承自父母的問題細胞。由此可知，發燒對孩子的健康成長具有多麼重大的意義，大人無知的為孩子退燒，可能造成終生遺憾的後遺症。（關於這部分，將在第三篇〈不適當使用退燒藥的後遺症：發育遲緩、免疫疾病、皮膚病〉有更詳細的說明）

◎換牙開啟了大腦的學習階段

孩子到六、七歲左右，感官會發育完成；也就是說，到了這個年紀，神經系統已經發育完全，開始進入大腦的學習階段。當孩子掉第一顆牙的時候，這顆牙的生命力就進入孩子的腦部，在大腦長智力，也開始有記憶力。這時候正值孩子進入國小就學的年紀。

我們可以在國小一年級的教室裡，看到有些孩子已經開始換牙，有些則還留著乳牙。孩子換牙與否，對老師的教學是有差別的。還沒有換

牙的孩子不長智力，所以他們喜歡重複的事情，同樣的故事講三百遍，他們還是聽得津津有味，可是換牙以後的孩子就不同了。他們蓄勢待發，對學習充滿強烈慾望，要像海綿一樣吸收新知。老師重複講過的故事，還沒有換牙的孩子會興高采烈的說：「好啊，再聽一遍！」可是換了牙的孩子會抗議：「好無聊喔，不要再講一樣的了，換個新的吧！」

這也就是為什麼在七歲前做記憶性和思考性的學習是不恰當的，因為孩子根本還沒有準備好。等到換牙以後，孩子一半的生命力提升到「感知體」，才是真正開始記憶與思考的學習時機。

＊人生的第二個七年（七歲至十四歲），養成孩子豐富的情感

人生的第二個七年（七到十四歲左右），是情感面形成的階段。這時候，孩子有一半的生命力離開物質體，開始充實情感。而階段的分界點，就以掉第一顆乳牙為標示。

人類的牙齒是換過一遍以後，就一輩子不會再生的器官，當中存在十分強大的生命力。孩子掉了第一顆牙之後，這顆牙的生命力釋放到腦部，開啟新的學習階段，進入到生命中的下一個七年。

◎小學階段發展身體的節奏系統；生活教育方面，有規律的作息，幫助孩子發展良好的心肺功能

零到七歲的孩子發展神經系統，七到十四歲的孩子則是發展節奏系統（主要是心肺功能）。

身體的每一個器官組織都有其運作的節奏和規律。例如，代謝系統的收縮是以一小時為單位，傷口需要一星期復原，心臟病的危險期是七天，血液的再生週期也是七天，一個人如果筋疲力竭，需要一個月的時間才能復原……而其中最主要的節奏系統就是心臟與肺臟。為了配合心肺有規律的節奏發展，生活教育應該著重在養成孩子有規律的作息。

這個階段的教育重點，就是督促孩子遵循良好的起居規律，利用定時的作息強化孩子的身體，並且讓他們每天睡足十二個鐘頭，孩子才能夠發展出穩定而良好的心肺功能。而且睡眠及作息的規律性會令孩子產生安全感，並擁有平穩的情緒。

此外，這個階段的學習都要帶有情感與藝術性，才能夠協助心肺系統充分健全發育。如果施以不帶感情的填鴨式教學，沒有讓心臟得到足夠的舒展，孩子將來容易罹患心臟瓣膜脫垂、風濕性心臟病等心臟病變。醫生常說這些都是原因不明的病，其實它們和教育有著很深的關係，早在一個人小時候便已經種下疾病的惡因了。

◎小學階段發展感知體；學習教育方面，以感官藝術教育為訴求，啟發孩子豐富的情感，強化對生命的連結

第二個七年，孩子的肉體已不像第一個七年那般，動輒以兩倍的速度成長（從五十公分長到一百多公分）。進入第二個七年，每年大約長高五至十公分，原因就是身體將生命能量拿來「長智慧」。不過這時候的思考模式還只是圖像式思考，和國中以後的批判性思考是不同的。所以我們不能用教國中、高中生的方式來教導小學生。

在學習教育上，因為孩子這時正在發展自己的感知體，所以教學以感官為訴求，像是唱歌、畫畫等藝術活動，都能觸動孩子的情感，使他們的學習更快而有效率。唱歌就是非常好的教學，透過反覆的歌唱練習，可以強化節奏系統，等同是在強化心肺功能。就連學習數學，都可以先用一段故事導入，引領孩子對數學產生「感覺」。

很多孩子都討厭數學，原因就是數學冷冰冰，讓人「一點感覺也沒有」。因為沒有感動，所以排斥，無法產生興趣。如果最初能夠讓孩子對數學先產生「感覺」，孩子就會有興趣深入，也不至於從一開始就討厭它。

至於學習的素材，則盡量運用大自然，好讓孩子與大自然產生連結，讓他們從小就熱愛土地，將來便不會輕言離開世界。很多優秀的孩

子選擇輕生，走得非常「瀟灑」，對人世絲毫不眷戀，就是因為他們和世界缺乏連結，沒有被這個花花世界感動過，所以他們會認為「死不足惜」。（關於這部分，將在第三篇〈缺乏情感教育的後遺症：厭世輕生〉有更詳細的說明）

華德福小學是沒有制式課本的，每一門課的課本都是由孩子親自手繪。老師在課堂上講述今天的主題或故事，孩子就憑自己的理解把內容畫下來。這便是一種圖像式的思考。經由這種方式，可以讓「心魂」活動起來。

前面提到，這個階段的學習，都要帶有情感與藝術性，目的就是要讓「心魂」活動起來。什麼是「心魂」呢？

大家可以想像詩人因為靈性被觸動，有感而發的寫了一首詩，當其他人看到這首詩深受感動，他們的心魂就和寫詩的人一樣動起來。畫家因為有所感而畫了一幅畫，畫靜靜的掛在牆上，但是看到的人卻大受感動，就表示心魂有了活動。用心魂的活動去引動孩子的學習，就是帶有情感與藝術性的學習。

華德福給孩子的作業簿是沒有畫線的，他們要讓孩子在沒有畫線的紙上寫下排列整齊的字。當孩子不再寫得歪七扭八，就表示他們內在的規律性已經完成。

我們低年級的孩子寫功課用彩色筆，而不是鉛筆。為什麼要用難寫的彩色筆，而不是鉛筆呢？就是因為彩色筆不容易寫，需要用較大的手勁，正好可以訓練孩子的意志力和手指的力量。

華德福學校常給低年級的孩子做蜂蜜蠟塑形的練習，高年級則用泥塑這類可以動手指去捏玩、雕塑的材料，其目的就是要讓孩子使用手指頭，藉以刺激腦部，並且形成三度空間的立體感，而這是很多校外的孩子做不出來的。

我們讓國小階段的孩子畫很多圖，家長可以發現低年級孩子畫的濕水彩，風格十分夢幻而浪漫；高年級的畫風就變得十分明確而具體，思想轉變的軌跡明顯可見。

華德福的國小教育充滿了繪畫和歌唱。唱歌和音樂對孩子的節奏系統而言，是非常重要的活動，因為兩者都具有節律性和重複性，這樣的藝術會感動孩子；而豐富的情感又會強化呼吸和心跳的過程，對心肺功能發展助益良多。

＊人生的第三個七年（十四歲至二十一歲），發展成熟思考及良好的判斷力

孩子到了十四歲左右，也就是國中二年級的時候，會突然長大，好像開竅似的，懂得思考了。

◎四肢骨骼及代謝系統的發育是本階段重點

這時候的孩子進入另一個階段，開始發展四肢骨骼及代謝系統（主要是消化系統）。

‧消化系統

人的思考力和代謝系統的運作模式是一樣的。代謝系統最重要的能力是分解，然後重新建構成新的物質，以便人體利用，這一過程就是「消化」。

思考的過程也是如此。我們進行思考之前，必須先接納老師所教的內容（就好像是先把東西吃進嘴裡），接著再去分析這些內容，質疑它們的真實性，而不是全盤接收（猶如胃腸消化分解食物，萬一吃到不對的東西，還得將它們吐出來）。經過重整之後的去蕪存菁，將資訊建構並內化為自己的知識（好比食物經過消化、分解、過濾，而後吸收為身體可利用的營養物質）。

簡單的說，唯有經過分析與合成的過程，才是真正的思考；也唯有經過如此完整學習過程所習得的結果，才是讓孩子脊椎挺直的力量。因此我們可以說，所謂「知識的力量」，就是讓孩子抬頭挺胸的力量。

‧四肢骨骼系統

這一階段的骨骼系統發展重點，已經不在於抽長拉高，而是著重於脊椎的充實，乃至挺立。而充實脊椎的力量，來自於「思考的力量」，也就是經過孩子本人反覆琢磨、消化吸收以後內化的知識。這些經由自己思考而習得的知識力量會貫穿孩子的脊椎，讓他們抬頭挺胸，昂首闊步。

◎服從威權的填鴨式教育讓孩子挺不直背脊

青春期孩子發展的思考模式，是批判性的思考。也就是先加以拆解，認為這也不對，那也不好。成年以後的思考，則漸漸脫離批判性，轉為哲學性的成熟思考。批判性思考是從前一個「感受」的階段發展過來的，所以他們還說不出個道理，開口閉口都是「我就覺得這樣那樣」，大人因而認為他們是「為反對而反對」。

東方的父母比較威權，不給孩子思考的空間，直接要孩子順從並接受大人的口令。孩子缺乏經由自己的腦袋思考所產生的滿足感，背脊就一天天駝下來。（關於這部分，在第三篇〈填鴨教育的後遺症：彎腰駝背〉有更詳盡的說明）

彎腰駝背還有另一種可能，就是孩子的肉體已將長大，但是心智並沒有跟上成熟的速度，缺乏「自信的力量」來貫穿脊椎使孩子昂揚挺立。

從物質體、感知體到最後形成思考能力，直到十八歲左右，孩子才進入大學，開始自由學習。也就是說，我們需要花費二十一年時間，來培養一個「自由人」。

一直到二十一歲左右，整合前面所發展的三大系統（神經系統、心肺系統、骨骼代謝系統），形成新的自我，孩子於焉成人，可以獨當一面，承擔必須面對的人生責任。

◎ 自我意識充分發展成熟，可以強化生命力

前面談到小孩子的自我意識還沒有發展形成，他們只有情緒，想哭就哭，要生氣就生氣，尤其是七歲以下的孩子，他們沒有自己的思想，凡事憑直覺和情感來表達。

尚未受教育的孩子是如此，可是受了教育，強化了自我意識以後，就應該懂得不能放任自己的情緒過度氾濫，所以需要思想的制衡。有思想的人可以控制自己的情緒，不會無緣無故發脾氣。他知道任由情緒暴走會傷身壞事，所以懂得做幾個深呼吸，把情緒緩和下來。

俗話說「知易行難」，之所以如此，就是因為教育沒有教好，自我意識未能發展成熟，所以明知而故犯。醫生看得最多的，就是這樣的病人。有多少這樣的病患，小毛病看了又看，就是不會好，一問起來，不是明知不能吃卻還是吃了，就是明知夜深了，卻還是開夜車看電視、打電動而不休息。

自我意識充分發展的人，會知道——我是誰，我應該做什麼，我必須全力以赴。明知不應該吃，卻還是吃了，只能證明此人的自我意識沒有發展健全，所以會任隨自己的一時興起或口腹慾望去做，造成一錯再錯。這就是過度的慾望和情緒干擾肉體，削弱了生命力而造成病痛。

成功的教育讓人發展出成熟的自我意識，能即知即行，知道而且做到，醫院就不會人滿為患了。所以教育不只是學習知識，還要讓人不會生病。

人生的前二十一年，最終完成的就是孩子的自我意識，這時候的孩子能夠頂天立地，全力以赴的做好自己的本分。

人智醫學歸納出人的一生發展階段

- 第一個七年（0-7歲），發展神經系統，孩子充滿想像力。
- 第二個七年（7-14歲），發展心肺功能，孩子發揮感知力。
- 第三個七年（14-21歲），發展四肢骨骼及代謝系統，培養成熟思考。
- 第四個七年（21-28歲）
- 第五個七年（28-35歲），人生的黃金時期，正值生命最高峰，卻是責任最重大的時期，容易因為壓力而罹患身心症（例如自律神經失調、精神官能症）。這一階段的女性尤其需要孩子的陪伴，如果缺乏子女陪伴，罹患身心症的機率比較高。
- 第六個七年（35-42歲），身體開始步入衰退期。骨骼及代謝系統首先退化。退化的骨骼力量在腦內形成新的思考能量，所以思考模式更趨成熟。
- 第七個七年（42-49歲）
- 第八個七年（49-56歲），心肺功能退化，出現高血壓、心臟病等心血管疾病，卻也發展出成熟的判斷力。
- 第九個七年（56-63歲），神經系統開始退化，視茫茫而齒牙動搖，但是相對發展成為具有遠見的長者，人生進入另一番新境界，正是所謂「人生七十才開始」。對照孔子主張的人生階段發展，兩者可以得到非常精彩的呼應。

孔子這一位偉大的教育家，早在兩千多年前，便揭櫫了教育的階段性目標與意義，那便是：「吾十五而志於學，三十而立，四十而不惑，五十而知天命，六十而耳順，七十而從心所欲不踰矩。」

以上說明了人的靈性狀態隨著年紀漸長而提昇層次，如果靈性無法隨著老化而進化，就會成為「老番顛」，未能發展出人生該有的智慧，成天擔憂與抱怨不休。

人類之所以成為萬物之長，就是因為人類有靈性，靈性利用身體這一具「皮囊」，進行各種學習，皮囊會逐漸老化衰退而崩解，但是靈性卻能不斷提升，最終回歸大自然，再進入下一世的學習。

第二篇 不是孩子不受教，而是大人不會教

——對四種不同氣質孩子的因材施教

我最常聽到父母抱怨說：「我的孩子好難教喔！」這樣說其實有失公平。孩子不是難教，而是大人不會教。

我在診所看到很多父母和孩子的關係是衝突不安的。爸媽說話，孩子當耳邊風，要不然便是你說一句，我就回敬一句，誰也不讓誰。這是因為父母不懂孩子的緣故。

七歲前的孩子不善用言語表達自己，所以大人要懂得觀察孩子，了解他們與生俱來的特質，才知道如何「因材施教」。

孩子的氣質得自父母的遺傳和本身與生俱來的靈性（累世的學習）。例如，我這輩子是中醫，下輩子可能還有機會當中醫。我經過累世的學習，必須一世比一世做得好。學習的記憶都累積在我們的靈性當中。

現代科學證實，人類終其一生只用了百分之二的腦力。那其他百分之九十八的腦力難道都在長眠嗎？不是的，這裡面還有累世的學習記憶。這部份的記憶和父母的遺傳特質交融，形成不同氣質的孩子。就像藍色加黃色，會變成既不是藍色也不是黃色的綠色。

一些父母抱怨，我和另一半都不是這個樣，怎麼會蹦出這樣的孩子呢？這其實是大人忽略了孩子是獨一的個體，有自己的特質。

關於人的氣質特性，歷來各家各派都有許多分類，人智哲學則將人的氣質區分為土、水、風、火四種類型。

✽土、水、風、火四種氣質特性的由來

人類是大自然的一部份，因此具備了大自然的四種主要元素——土、水、風、火。它們分別代表了固體、液體、氣體、火的四種型態，也分別對應了礦物、植物、動物、人類這四種大自然的主要組成。

人的肉體形同大自然界的礦物，礦物因風化而分解，只會變得愈來愈小，如同肉體經過幾十年風霜就會逐漸硬化萎縮。痛風、結石、纖維化、骨關節疾病等，都是人體礦物化的特性表現。

此外，人體的比重有六到七成都是水，當然具備了液體的特性。而大自然界以植物的含水量最高，所以人也具有植物的特性。人的體液就是水的表現，包括汗液、血液、精液、內分泌皆屬之。

人體內也有氣體的表現，最明顯可見的就在肺部與腸胃道。呼吸是氣體的交換，肚子「膨風」（脹氣）、放屁也都是氣體作祟。

最後別忘了，人體具有溫度，這種火的性質，可以讓固體溶化，讓液體氣化，就像溫度讓人的肌肉因為溫暖而柔軟，讓毛孔和呼吸道散發出水蒸氣。

人體內的固體、液體、氣體、溫度這四種性質，會不斷的轉換，互相協調運作。這四種性質在不同的人體表現有強有弱，不同的強弱就會變化出不同的個人氣質。

例如，溫度的性質表現特別強的人，顯現火相性格；水的性質表現特別強的人，顯現出水相性格；而由礦物性質所主導的人，會表現出土相性格；由風的性質所主導的人，就表現出風相性格。

這四種氣質的人，所展現出來的行為模式各不相同，也就是說，父母和孩子可能會是截然不同的氣質。大人在教養孩子的時候，應該針對孩子的氣質特性循循善誘，而不是用自己的氣質特性去管教孩子，強迫孩子接受，否則很可能落得兩敗俱傷。

土：固體（具有礦物的性質）

水：液體（具有植物的性質）

風：氣體（具有動物的性質）

火：溫度（形成人的意識）

◎調對了頻率，才有親子教育可言

有個媽媽帶了兩歲半的孩子來看診。這孩子什麼都要用手去抓，見了人就笑瞇瞇，嘴巴不停開闔說個沒完。氣質沉靜寡言的媽媽說，這孩子一點都不怕生，和誰都能玩，一點都不像我和他老爸的個性。土相的父母無法理解風相的孩子怎能活潑成這個樣，所以拼命想要壓制孩子好動的個性。結果大人筋疲力竭，孩子的天性受到否定更是可憐。長久下來，親子就容易發生衝突對立。

理解孩子的氣質，才能因勢利導。好比你想要聽某個頻道的廣播節目，如果不調到對的頻率，你能夠清楚收聽到節目嗎？土相的父母如果不把頻道調準到風相孩子的頻率，孩子當然聽不懂你在說什麼，所以親子之間總是各說各話，關係劍拔弩張。

教育就是要鼓勵孩子充分發揮與生俱來的良好特質，不足的缺失則要設法轉化、補強或平衡。例如，火相氣質的孩子脾氣火爆，大人要引導他平衡自己的性情，以免年紀輕輕就因為脾氣暴躁而高血壓、腦中風。

而在教養孩子之前，父母不但要懂得分辨每個孩子的氣質屬性，也要理解自己的氣質。事實上，這四種氣質會表現在所有男女老少的身上，只是大人已經具有成熟的思想，可以設法自我平衡。為人父母者如果對自己的氣質缺乏了解，也可以藉由本書接下來的提示進行自我探索，從中找出自己和孩子「犯沖」的原因。

◎四種氣質的典型反應

有這樣一個對孩子進行的氣質測試。校方在一個狹小的巷道中央擺一張長條椅子，讓橫跨的長椅擋住了唯一的去路，然後要孩子想辦法從這一頭走到巷道的另一頭。

火相氣質的孩子走到長椅前，一腳把擋路的椅子踢開，若無其事的走過去，一路往目標前進，根本不把長椅放在眼裡；風相的孩子走到長椅前，就開始把玩它，忘了自己應該繼續前進；水相的孩子來到長椅前，一屁股坐下來休息，不想向前走了；土相的孩子走到長椅前，變得不知所措，哭喪著臉抱怨：「好難喔，怎麼辦，要怎麼過去，我不會！」

這樣一個簡單的測試，就能明顯看出每個孩子的氣質大不相同，父母師長又怎能用同一個方法教會所有的孩子呢？尤其是七歲前的孩子不善表達自己的情緒，所以父母要從旁多多觀察孩子的氣質，找出他們不同的特性，並且試探各種方法，找出孩子的罩門，而不是順著大人自己的脾氣與想法蠻幹到底。

◎不了解彼此的氣質，大人小孩都受害

不了解彼此的氣質差異，不但造成孩子因為大人的不當對待而生病，大人自己也會深受其害。我有一名罹患甲狀腺機能亢進的患者，經常心悸，脾氣暴躁。我為她調養半年以後，她的內分泌功能已經逐漸恢復正常，病人歡天喜地的告別了我的診所。大約一年以後，她打電話給我，說自己又舊疾復發了。我在電話裡和她聊了一會兒，想知道她平日是否壓力太大，或是有什麼事讓她常常動怒。

病人彷彿遇到知音似的說：「醫生怎麼知道我常生氣呢？」

我問：「妳有什麼事，非得如此生氣不可呢？」

病人開始滔滔不絕：「我啊，每天看到我女兒就生氣！她做事總是慢吞吞，好像神經的發條永遠沒上緊。光想到她我就有壓力，不看也知道，她一定又在『擺爛』，永遠等著我催，她才要去做……」

這是一個火相的媽媽遇到水相的孩子，媽媽不明白孩子的慢是與生俱來的氣質，如果不能在她小時候逐漸激發其潛在的火相特質，這孩子將會一輩子都這麼慢吞吞。而媽媽也因為這孩子的悠哉，讓她成天氣急敗壞，急出病來，造成甲狀腺機能亢進的舊疾又發作了。

我的另一名女病患，有一個唸高中的兒子。孩子的爸爸是火相氣質的急驚風，偏偏孩子又是個水相氣質的慢郎中。這孩子功課不錯，也頗自動自發，可爸爸每次晚上回到家，都恰巧看見兒子好整以暇的坐在沙發上看電視、玩電腦。他不管兒子是否已經讀了好幾個鐘頭的書，現在不過是休息喘口氣，反正他只要沒見到兒子在K書，必定要開罵。而水相的人反應慢半拍，才想為自己辯白，爸爸的機關槍已經掃射完畢，所

以孩子一直感到被冤枉，很委屈又不服氣。終於有一天，大男孩忍無可忍，索性拒絕上學以示抗議。高中的孩子不去上課，必定會耽誤學業，媽媽心急如焚，勸又勸不動，只好向爸爸討救兵。可是爸爸也不願示弱，父子天天僵持不下。媽媽就這樣夾在中間，承受巨大的精神壓力，短短一個月，竟然在子宮和卵巢分別冒出腫瘤。

人說「相愛容易相處難」，為什麼會這樣呢？就是因為彼此「不相知」。所以父母一定要學會了解孩子天生的氣質，用對方法與孩子溝通，方能夠達到溝通的實質效果。

＊衝動自我的火相性格

座右銘：當情況變得愈艱難，內心就變得愈堅強

生命的主題曲：按照我的方法來做

外觀：行動迅速、眼神銳利、步伐堅定

整體性格：樂觀積極、熱情的、果決的、有效率的、衝動的、創新的、話不多、沒耐性

情緒表達：易怒

學習態度：挑戰「不可能的任務」

需要：獨斷獨行或是當領導者

如何對待：給予肯定及讚賞

人生危機：自負、驕傲、搞破壞、無法控制自己的脾氣

人生學習重點：自我控制及崇敬自然

金錢概念：慷慨大方

與生俱來的角色：領導者、冒險家、戰鬥家

◎以牙還牙，性格火爆的火相氣質

有一個兩歲半小病患，來到診間以後四處打人，打到連我都覺得太離譜，媽媽連聲罵孩子：「妳真壞、妳好壞！」我其實一點都不覺得孩子壞，只是認為事出必有因。

我問孩子的媽媽：「這小女孩在家經常有人打她嗎？」

媽媽說：「他哥哥就愛打她。我看到哥哥打人，就教訓哥哥，讓他

知道打人會痛，結果哥哥一回頭又去打她。現在她長大了，一有不高興就打人。」

這是孩子有樣學樣，以暴制暴的結果。

我有個火相的朋友，生了一個同樣是火相的女兒。媽媽性子急，動作快，只要孩子一犯錯，就是五雷轟頂。小女生喜歡玩媽媽的口紅、耳環，媽媽怕女兒碰壞自己的東西，於是伸手就搶。

我起初並不知道她們母女倆的互動模式，有天，恰巧和她們一同出門，看到兩歲的小女孩動不動就打媽媽，驚呼怎麼會這樣？朋友又氣又好笑的說：「就是啊，這孩子不知道為什麼就喜歡對我出手，真是氣死人了！」

我反問：「妳平常是不是都打她？」「當然呀，孩子做錯事就要管教的嘛！」「這麼小的孩子能做錯什麼事呢？」「她喜歡塗我的口紅，碰我的東西呀！我看她在玩我的口紅、香水，把它搶過來，她竟然還動手和我搶來搶去，簡直造反了！」

哎呀，火爆的媽媽這樣子動手，也難怪不甘示弱的火相孩子要和她對幹起來。

我對她說：「妳和她一樣，都只有兩歲大！妳這是在賭氣，不是用腦筋教孩子。下次遇到同樣的情形，妳就把孩子抱離開現場，轉移她的注意力就好了。像這樣的火相孩子，一感覺被人欺負，她一定會當場反擊的。」

朋友說她這孩子不只是愛打她而已，平常就非常「不受教」。她因為怕孩子破壞，所以自己使用電腦工作的時候，一定關上房門。這孩子就會在門外拼命搥打，用力踹門，極盡暴力之能事。種種行為讓媽媽傷透腦筋，擔心這樣的女孩子將來怎麼管教。我叮嚀她，千萬不能再打小孩，兩個火相的母女打來打去，永遠沒完沒了。

我為朋友分析：「火相的孩子還會反擊，不至於把氣悶在心裡，如果打到土相的孩子，他雖然默默承受，可是傷痛都埋在心裡，可能會恨妳一輩子。所以打孩子絕對不是管教的方法。」

◎意志堅定，目標明確，不需大人下指導棋的火相孩子

火相氣質的人目標明確，意志堅定，只要他想要，就一定要得手。所以火相氣質的孩子是不怕困難的孩子，在學業表現上，只要他想考第一，就必定會達成目標；反過來說，當他不想要的時候，硬逼他也是徒勞一場。

火相氣質的生命主題曲就是「按照我的方法來做」，他最常掛在嘴上的就是「走開，換我來」。他們有自信又講求效率，不能容忍別人的笨手笨腳，當然要自己親上火線。

火相的人自信十足，也需要旁人對他絕對的信賴，而且不只是放手給他做，還要讓他照自己的意思去做，如果想干涉他，他會撒手說：「我不幹了。」把任務交代給他，你不必多說話，他就會又快又好的達成任務。而就算你有更高明的見解，也要等到他自己開口問，千萬不要對他動輒下指導棋，不然他會動怒說：「你比較行，那你自己做！」

有個小姐的汽車拋錨，多虧一位路過的先生好心幫忙，費盡九牛二

虎之力，讓她的車重新發動。這位小姐連聲道謝，話都還來不及說完，這位好心的先生竟然掏出鈔票要給這位小姐。小姐嚇了一跳：「是你幫忙我修車，該付錢的是我，怎麼會讓你來付我錢呢？」這位先生不疾不徐的回答：「我剛才修車這麼久，妳一直都在旁邊默默的看，一句話也沒有多說，真是太難得了。一般人看我在做事，總喜歡問東問西，還要出一堆意見，真是煩人。所以我要感謝妳對我這麼信任。」可以見得，這位修車的好心人無疑是火相氣質的人。

父母對待火相氣質的孩子，要格外給予尊重，只要孩子說他可以，他就能想出新的辦法來做，大人不要在一旁干涉，還要指揮他用老套的辦法，扼殺他創新的能力。

火相的人眼神銳利，永遠都在尋找挑戰的目標。他的步伐堅定，行動迅速，無論走路、吃飯、做事都是急驚風，總是給人急匆匆的印象。因為他已經等不及要去做下一件事，去克服下一個困難，去打贏下一場勝仗，所以說他是天生的冒險家。

往好的方面看，火相氣質的人樂觀積極，勇於創新，熱情而果決，做事極富有效率，具有領導能力；往壞的方面看，他們衝動行事，特別愛突出表現，自我中心強。

◎給予挑戰，讓他們發洩旺盛的精力

火相人的生命是在高速跑道上進行的，先天上能量充沛，所以學習效率又快又好，大人應該多多讓他們接受高難度的挑戰，否則他們旺盛的精力無處發洩，就會到處搞破壞，喜歡欺負別人，當孩子王「率眾滋事」。無處表現的他們也不是天生愛做亂搞怪，只是破壞性的事做起來才有挑戰性。

火相的孩子很明白自己的長處，所以十分自信，他可以清楚看見自己眼前的路在何方，而且勇往直前。正因為火相的人具有喜歡接受挑戰的特質，所以他們最怕沒事做，給他有一點難度的任務，他會興致勃勃的接受挑戰，想辦法突破以便達成目標，自然就不會因為太閒而惹事生非。對這樣的孩子殷殷叮嚀，萬般安撫，都不如給他有挑戰性的目標來得有效。

◎認識「火相的崩潰」

火相人的情緒表達方式就是生氣。平日的他們沒有太多情緒，對小事並不在乎，除非事情進展不如預期，他們就會大發雷霆，恣意咆哮，我們稱之為「火相的崩潰」。這種時候，旁邊的人不要費力去安撫他的情緒，只要趕緊快跑，躲避即將爆發的超級怒火，等他一陣秋風掃落葉之後，一切又雨過天晴了。

但是另一種「火相的崩潰」，後果就嚴重多了。儘管火相的孩子自視很高，對外界的眼光卻耿耿於懷，如果被人否定，他們會非常受傷，自信心被摧毀殆盡。

我有一個香港的朋友，小時候參加鋼琴比賽奪得首獎。她得意洋洋的把獎杯捧回家，卻遭到媽媽的奚落，說這沒什麼了不起，比起某某大師，她簡直天差地遠。媽媽可能是想挫挫小傢伙的銳氣，不讓她太得意忘形，但是她一點也不了解自己女兒這種氣質的孩子是不能被打擊的，這孩子從此崩潰，再也不願彈琴了。

所以說，對火相氣質的孩子要賞罰公平。當他們付出努力而獲得成就的時候，大人要給予肯定和鼓勵，因為這是他們應得的。可是稱讚這樣的孩子一定要發自真心，滿口諂媚阿諛只會被他們視為無能的人，對你鄙夷不屑。換句話說，給予真心誠意的肯定及讚賞，是掌握火相人的不二法門。如果你能贏得火相的尊重，那麼他可以為你兩肋插刀，赴湯蹈火在所不辭。

◎獨斷獨行的先天領導者

一個班級需要火相氣質的孩子去催促其他「散型」的孩子「快一點快一點」，並且以他們為行動的榜樣。

火相人的字典中沒有「做不到」這三個字，但是他們喜歡獨斷獨行，或是當個登高一呼的領導者，如果不讓他們扮演這樣的角色，他們就「不玩了」。

很多演說家或宗教家都是火相人，他們脾氣超火爆，但是都具有強大的思想力量，所以能影響並且改變群眾的思想。我們可以說，火相與生俱來就擁有強大的自我意識，所以父母不必為他們規劃未來，因為他們比誰都清楚知道自己的下一個目標在哪裡。生到這樣的孩子，算是父母「福氣啦！」

◎學習崇敬大自然與自我控制，是火相一輩子的功課

火相氣質發展得好，會成為充滿領袖魅力的佼佼者，但是沒有教育好，便會成為目中無人、傲慢無理的狂妄之徒。身為他們的師長，要對他們瞭如指掌，讓他信服你。因為他們是「實力至上」的擁護者，只聽

信比自己行的人。高壓的打罵教育對他們只會適得其反。

火相人的思考正面，又慷慨大方，具有俠義精神。其形像猶如一盞黑暗中的燭光，可以照亮別人，給予他人溫暖，但他們也可以是一把大火，將一切燒得寸草不留。

為了不讓這樣的孩子走偏鋒，大人要教會他們尊重別人，並崇敬大自然的權威。而他們一輩子的功課就是學習尊重，並且自我控制脾氣。

✻跟著感覺走的風相性格

座右銘：我保證，我發誓，下次一定會記得！
生命的主題曲：藍藍的天
外觀：輕快優雅、長相漂亮出色
整體性格：容易受影響、具有社會性、言行不一、易拖延、警覺而機伶、善變而不定性、娛樂大眾的、健談的、做事草率的
情緒表達：多愁善感、善變
學習態度：三分鐘熱度、喜新厭舊
需要：最需要陪伴，喜歡玩樂
如何對待：溫言和善，尤其不可對他亂發怒或威嚇
人生危機：醉生夢死 、一事無成
人生學習重點：適應性及恢復力
金錢概念：不善管理金錢
與生俱來的角色：天生的藝術家

◎ 心性像風一樣飄忽不定的風相氣質

我的哥哥是風相氣質的人，從小就聽我媽媽用台語念他「走路欠天欠天，做事散形散形，重要的事都不能交代」，這幾個字用來形容風相的人真是再傳神不過。因為風相的人心緒紛飛，所以十分健忘。我這樣一個風相的哥哥，又生了兩個風相的孩子，可以想見我的大嫂有多辛苦了。

有一次，我和哥哥還有他的兩個孩子一同去吃飯。飯菜送上來以後，我們讓小學六年級的老二去櫃檯拿筷子。他中途經過別桌的時候，也不知看什麼看得分神，竟然忘記自己為什麼要去櫃檯。我哥哥忍不住揮揮手提醒兒子：「拿筷子呀！」結果他竟然只拿了一雙筷子回來，根本忘了自己該做什麼。

我們問他，「一共四個人，不是該拿四雙嗎？」他老兄「喔」的一聲，再次要走去櫃檯的時候，又被電視的聲音吸引，忍不住停下腳步，最後還是我哥哥又出聲催促，他才想起自己的任務。風相氣質的人就是這麼的「無頭神」。

因為經常沒有把目標放在心上，所以他們丟三落四，做事很不牢靠。而每每因為這樣捅簍子，他們就會一而再的保證，「我發誓下次不會了」「我保證下次絕對記得」。可是我也能夠對諸位看官保證，他們下次絕對會再犯，所以他們永遠都在「發誓」，在「保證」。

同樣是筷子的插曲。我的一位外籍朋友不時會和我一同在外用餐，我準備了兩雙環保筷，這位三十多歲的風相小姐自告奮勇要代為保管，說我們每次吃飯她就會攜帶出來，我也欣然將筷子交給她。誰知道後來每一次在餐廳坐定之後，她才突然跳腳：「啊，糟糕，我忘了！」接下來，她一定會高舉右手，信誓旦旦的保證：「我發誓，下一回絕對不會忘記。」就在她一次又一次的保證之下，兩年來，這雙環保筷我只用過一次，就是我帶來交給她的第一次。

◎ 由神經系統主導的人，漫不經心最健忘

在風相氣質的人眼中，世界上沒有大不了的事，所以他們總是心情

飛揚，開心自在，他們的主題曲就是「藍藍的天」。風相人不論男女生都外型漂亮，走路步伐輕快，甚至還會踮起腳尖輕盈的彈跳，彷彿要騰空飛起一般。

但是他們的輕快與不在乎，會演變成漫不經心，做事草率馬虎，說過的話成為轉眼雲煙，所以讓重言諾的其他氣質的人，尤其是土相人恨得牙癢癢。

多變又漫不經心，使他們經常不守時，做事沒有章法，三心二意缺乏定見。風相氣質的人就是這麼健忘，因為他們是活在自己的感覺當中，而不是活在清楚的意識裡。遇到自律性強的火相父母，或是一絲不苟的土相父母，完全無法理解孩子怎會如此「散形」，這麼簡單的事情需要大人千叮嚀萬交代，最後還是不敵他一句「我忘了」，父母能不發火嗎？

有鑑於此，華德福教育特別強調從小培養孩子「自我意識」的重要。什麼是自我意識呢？舉個簡單的實例。

我的女兒是典型的風相氣質，每次交代她吃的感冒中藥包，被她帶到學校晃了一整天，總是又原封不動的帶回來。有一回我晚歸，在外放心不下，打電話問放學回家的女兒，藥喝了沒有？可以想見，她當然是「忘記了」。她在電話中滿口答應我立刻就去喝，誰知正要熱湯藥的時候，她想起了家中的小狗要吃飯，於是轉身去忙小狗的晚餐，又忘了自己的藥。直到我晚上十點多回到家，看到藥包還留在餐桌上。

唯獨有一種藥，健忘的女兒絕不會忘記，那就是她自己吵著要吃的減肥藥。我為她開的一星期份減肥中藥，她總是準時吃完，一天不差，讓我嘖嘖稱奇。為什麼丟三落四的女兒遇上減肥藥就「轉性」了呢？很簡單，因為「想要和名模一樣苗條」的念頭深植在她的意識中。當事情進入他們的意識，它就不再是過耳隨風的感覺，而會成為必須認真執行的任務。這就是為什麼培養孩子的自我意識是如此重要。

◎ 開朗的外表下是一顆善感而脆弱的心

風相的人充滿了幻想，他們由神經系統主導的人生，總是跟著感覺走，最容易放大感受。所以他們的快樂可以是別人的一百倍，他們的痛苦悲傷也會是別人的一百倍。一點點小事都可能被他的想像力放大，甚至達到幻想的程度。他們像小鳥一樣輕快，卻也像小鳥一樣警覺，一點風吹草動就會驚擾他們，所以風相的人神經極度緊繃，到了神經質的地步。大人如果沒有教好，這種氣質類型的人將來最容易發生神經系統和精神方面疾病，像是自律神經失調、精神官能症等。憂鬱症的病患就是以風相氣質的人為多。

不喜歡勞動的風相人，對需要耗費體力的差事敬謝不敏，非做不可的時候，就點到為止，隨便交差了事，是典型的「差不多先生」。如果任隨他們發展，而不加以平衡，風相的孩子將來可能會活在夢幻中而一輩子醉生夢死。

◎三分鐘的學習熱度，多學而不精

讀書是一種定力與耐力的作業，需要相當的自律性，能忍受一再重複的枯燥。可是風相記性差，對周遭的變化又太敏感，樣樣都想要湊熱鬧軋一角，就怕錯失了什麼好玩的。這樣的人是坐不住的，所以在傳統教育體制下，他們的學習表現普遍不佳，還會因為上課愛講話，落得擾亂秩序的罪名。

風相的人聰明伶俐，喜歡新鮮流行的事物，不過因為缺乏自我中心，凡事跟著感覺走，只有三分鐘熱度，多學而不精，樣樣通但樣樣鬆，容易流於一事無成。

他們的學習基本上是憑藉著直覺與天份，大部分的知識來源是道聽途說，然後憑著小聰明拼湊起來。反正他們是喜歡八卦的包打聽，永遠不愁沒材料。

針對這樣的學習缺點，大人要注意風相孩子的學習深度，別讓他們的學習停留在蜻蜓點水，雜而不精。但是我們也知道風相的孩子只有三分鐘的學習熱度，想要引導他們深入學習，就要憑藉遊戲和玩樂的手段，而這是傳統的制式教育做不到的。

風相的孩子如果在七歲前接受了太多神經刺激，他進入小學以後就會是那個坐不住而調皮搗蛋的破壞王。對於沒有定性的風相，師長不可能期待他像土相的孩子那樣，不動如山的坐在書桌前，所以風相的孩子最容易被說是「注意力不集中」或是「過動」，這一點也往往成為他的「學習障礙」。這時，父母應該用鼓勵代替責備，褒獎他的一點點好表現，期待他有進步的空間，讓他在「愛的循循善誘」下穩定成長。

風相的人也會擬定目標，他們運用自己豐富的想像力，構思無邊的美夢，想過了以後，就以為自己完成了。他們的實行力是薄弱的，遇到困難很容易放棄，因為困難一點都不好玩，他們當然沒有理由死守著目標。這樣的行事作風，難怪會被貼上「見異思遷」的標籤。所以他們應該常和火相的人在一起，讓具有堅定目標和自律性的火相人帶領他們向前走。

◎ 渴望陪伴，需要愛，喜歡上演「十八相抱」

渴望陪伴和關愛的特質，讓風相的孩子從襁褓中就特別需要擁抱，到了十七八歲還要「媽媽抱抱」，這也要抱，那也要抱，我就戲稱他們老是上演擁抱不完的「十八相抱」。大人千萬不要拒絕他們的擁抱，因為這能安定他們的神經，滿足他們的情感需要。

身為風相孩子的父母，必須要時時從旁監督。不過「監督」絕不是嘮叨，更不能打罵。因為風相的人非常敏感，需要旁人不斷給予鼓勵和肯定，讓他對自己有信心。更因為他們的情感豐富，對愛的需求也更強烈，所以父母一定不要吝惜表現對他的關愛。

風相孩子的父母必須具備「給予愛」的特質。台灣的父母儘管愛孩子，卻往往吝於表達，或不知如何表達。我在診間看過不少青春期的孩子，抱怨爸媽不愛他們。其實他們的父母也是我的病人，我當然知道他們對孩子無怨無悔的付出，但是他們的付出竟無法讓孩子感受到，只能說是大人的表達和做法有問題。想要讓孩子感受到大人的愛，必須用孩子能懂的方式去表達。

像是求好心切的火相父母，可能會毫不留情的批評孩子；講究縝密思考的土相父母，會一條條列舉孩子的缺點，這些都會刺傷敏感的風相孩子。

風相人道德感強烈，雖然為人寬容，不記恨小事，但如果對他們刻薄、威嚇，傷害他們太深，他們也會以其人之道還治其人之身。何況他們又是如此纖細敏感，經不起大人粗暴無理的對待。像他們這種有藝術家特質的孩子情感豐富，很容易受感動，所以父母要用愛來感動他，讓他願意接受大人的引導。

◎ 一輩子要學習適應力及復原力

對於記性不好的風相孩子，大人不是要他們學會細心謹慎、長記性，因為他們一輩子也不可能像土相氣質的人那麼老成持重，像火相氣質的人那麼一以貫之，或是水相氣質的人那般深度鑽研。他們真正要學習的，是適應力與恢復力。因為在他們的一生中，要經歷比別人更多的善感多愁。

這倒不是說他們天生命運坎坷，而是因為習慣放大情緒的特性，讓他們把一點點的感傷或痛苦擴大，所以他們需要比別人更強大的恢復力，才能從痛苦的情緒中走出來。

◎ 與人廣結善緣，總是眾人的開心果

嘴甜、好人緣讓風相在社會上總是吃得開，能與人一見如故，有他們在就有歡笑。他們三教九流來者不拒，所以永遠不缺朋友。但是也因為易受外在變化的影響而波動，讓風相的人沒有定性。

這種個性讓風相的孩子不能安定下來寒窗苦讀，不過父母也不必太擔心他們的學業表現不夠出色，因為風相的孩子有豐富的情感、活潑的思想和靈活的學習能力，是天生的藝術家，也很適合在表演工作上不斷發揮。他們聽了一則故事以後，可以用完全不同的辭彙和表現方式把故

事重說一遍，說得比原來的版本更精采，好像故事就發生在自己身上一樣。尤其他們又擅於搞笑，娛樂大眾。舞台效果總是誇張的，而誇張正是他們的特長。

我的風相女兒看到我的結婚照，瞪大眼睛說：「天啊，好厚的粉，起碼有一公分！」兒子是實事求是的水相，讀國小的他在一旁糾正姐姐說：「哪有，再厚也不到0.1公分。」

風相人習慣用最誇張的詞彙說話，像是吃了一點好吃的，就形容是「全世界最好吃」；網路上搶標沒買到手，就說自己「心痛到要死掉」；看到社區有三部攝影機，就說看到上千隻攝影機在監視自己的舉動。

他們的思考是圖像式的，充滿詩人的特質，所以和他們溝通的時候，也要懂得解讀圖像式的語言。例如，我的女兒有一次摸著前額說不舒服，我問她是怎樣的不舒服，她說：「有一團烏雲在裡面，而且烏雲是鑽石型的。」我幫她按摩了一會兒，她滿意的說：「呵，鑽石少掉一半了。」還有一天，她肚子不舒服，我照例問她的感覺，她說：「裡面好樣有一顆氣球，吹得很大，還用一條紅色的線綁得很緊。」說穿了，這就是腹脹，紅色的線表示有熱熱的溫度，也就是胃在發炎。這麼大的孩子，已經可以用「脹」和「發熱」來表達，偏偏她要用「吹得很大的氣球」和「紅色的線」來表現，我們只能說風相的語言實在有意思。

＊凡事等一下的水相性格

座右銘：明天再做吧！

生命的主題曲：家，甜蜜的家！

外觀：步伐遲緩而搖晃，表情安詳柔和

整體性格：沉著謹慎、外表冷漠、事不關己的、保守的、和事佬、沉默寡言、猶豫不決、富有耐心的

情緒表達：不表達

學習態度：抗拒新事物、不主動、講究品質

需要：內在的平靜、不想被打擾

如何對待：給予足夠的時間及空間、願意等待

人生危機：呆板、冷漠又乏味、易染上成癮疾病

人生學習重點：多與外界接觸

金錢概念：收支平衡

與生俱來的角色：天生的美食家 、古董收藏家

◎溫溫吞吞，不形於色的水相氣質

水在水相氣質者的生命體當中所佔比例最多，各位不妨想像大海，表面平靜無波，底下卻暗潮洶湧；同樣的，水相氣質的人表情總是平和安詳，其實內在有很多的想法，卻不會形於色。

前面提到的火相和風相孩子，對父母的教養都是很大的挑戰，什麼調皮搗蛋、為惡作亂都是他們，相較之下，水相和土相的孩子是乖寶

寶。他們安靜沉穩，循規蹈矩，就是台灣大人口中的「乖孩子」。至於「乖」是不是就好呢？那可不盡然，只能說乖的孩子帶起來較為輕鬆，與父母師長比較沒有檯面上的衝突。

水相的孩子總是一派溫溫的、懶懶的，沒有任何的侵犯性，讓大人都不好拒絕他們的請求。他們雖然不容易和父母起激烈衝突，但光是一個「拖」字訣，絕對可以打敗父母，尤其是火相的大人會被他們氣到「內傷」。

◎永遠的慢郎中

水相孩子最大的特徵，就是動作慢。他們的人生是用慢動作進行的，尤其當事情對他們缺乏誘因的時候，他們就開始施展一流的拖功。

急驚風的火相父母遇到慢郎中的水相孩子，生活就成了永無止境的折磨。光是一早叫孩子起床，雙方就有得鬥了。火相的媽媽一定要立刻把孩子從床上挖起來，但是對水相的孩子來說，人生沒有「立刻」這回事，所以兩人一早就槓上。其實，對付水相孩子的「拖功」是有方法的。

大人可以問他：「你還要幾分鐘起床？」讓他親口答應時間。如果他說「十分鐘」，大人即使三分鐘後叫他，也算給了他緩衝時間，他已經感受到父母給他空間和對他的尊重，哪怕再不情願也會乖乖起床。

水相孩子的口頭禪絕對是「等一下」，火相的媽媽沉不住氣，命令說：「不行，現在就去！」小孩覺得沒有受到尊重，就開始發脾氣。水相一發脾氣，可以像植物似的一待兩小時動也不動。這麼一來，還要等他幾個小時以後氣消，反而延誤時間，什麼事都做不成了。

當孩子說「等一下」的時候，媽媽讓他自己說要等多久，也許給個五分鐘、十分鐘的緩衝時間，孩子就肯行動了。

◎寄情於內在世界的宅男宅女

人體有七成是水，水相氣質的人對體內的水感受特別強烈，尤其是胃裡的消化液。對什麼事都興趣缺缺的他們，唯獨鍾情於美食，對食物天生的好品味，讓他們能品嘗出口味上的些微差異。想要說服戀家的他們出門比登天還難，但是只要誘之以美食，他們就會動心。因為對美食著迷，所以他們多半體型圓滾，尤其是有個大肚腩。他們也是天生的收藏家，欣賞古典精品，特別講究品質。

水相氣質的孩子時時充滿內在的幸福感，總覺得自己與世無爭。因為太享受內在的舒適，所以他們對外界漠不關心，最具備「宅男」、「宅女」的潛力，可以一整天關在房裡上網、看漫畫，或是抱著一堆垃圾食物癱坐在電視機前，像棵植物一樣一天過一天。

他們十分衷情舒適的感覺，很喜歡賴在床上，享受被窩的溫暖與柔軟，和這一份慵懶的情調，所以家永遠是他們的最愛。

◎習慣思前想後，行事猶豫不決

因為習慣於緩慢的步伐，行事又講求謹慎，所以他們要花很多時間下決定，而顯得凡事猶豫不決。這和風相的三心二意，這個也好，那個也不錯，什麼都想要是不一樣的。水相人就是要找出一個最適切的，所以思前想後，琢磨老半天。

我有個外國來的朋友，喜歡收藏藝術品，我陪她去看了一位陶藝家做的壺。朋友看上兩支，簡直愛不釋手，可是她的預算只能買一支，於是她坐了一整個下午，足足考慮了四個鐘頭，始終無法割捨。我看她繼續坐下去也不會有結果，於是建議她先回去想想，明天早上再過來。不料第二天再面對兩支壺，她又重新陷入迷惘，一切從頭來過。我在旁邊看得心急如焚，她卻一點都不為所動，完全陷入在自己的世界裡。但是旁人再急也不能為她出主意，因為水相人的審美觀和其他氣質的人不同。他們不求新奇流行，但求質感和經久的古典美。如果你和他們的美感相去太遠，你的建議只會令他們的思考更加混亂而無法下決心。

也因為行事保守謹慎，他們不時興「心血來潮」這回事。想帶他們去哪裡玩，一定要老早前告知，讓他們有充分的心理準備，否則必定被他們一口回絕，讓父母感覺自討沒趣。

◎表達含蓄，父母要看懂他們的反應

水相人表面呆板無趣，有點笨拙而不起眼，和風向的表情豐富、搶眼突出形成截然的對比。但是你可別看他們平常安安靜靜，好像只會發呆，其實腦子裡想得很多，只是不會說出口。基本上他們是不表達的，任何人想要探他們的口風都是白費功夫。

和平主義的水相孩子對傷害性的言論非常敏感，別人的話語即使傷了他們，他們也不會起而捍衛自己，最多就是默默走開。這一點和風相正好相反。風相的情緒表達誇張而強烈，水相的孩子卻一直在壓縮他們的情緒反應，所以父母要將水相孩子的情緒表達乘以一百倍，才是他們內心的真實感受。

水相孩子受了別人的欺負，問他難不難過，他會說「還好」；看他身體不舒服，問他要不要緊，他說「沒關係」；問他今天在學校好不好玩，他說「沒什麼」；想讓他再多說一點，逗他說，「想想嘛，一定有什麼不一樣的」，他會慢條斯理的告訴你：「喔，沒什麼好說的。」

我的兒子是水相氣質，我能清楚感受他的表達方式和我風相氣質的女兒天差地遠。記得有一天早上，他躺在床上動也不動，眼看上學快遲到了，催了幾次他都不吭聲。問他是不是身體不舒服，他說「還好」，看他依然不為所動，我試著引導他：「如果身體不舒服，我們就請假一天好不好？」他說：「不知道。」

「不知道的話，媽媽替你決定好不好？」他應聲說：「隨便。」我於是再說：「那去上學好不好？」

兒子不說話了。

水相氣質的人不回答，通常就表示拒絕，我想要再次確認，就問他說：「我們不要去上學，在家休息好嗎？」他這才說「好」。

就這樣，我決定讓他在家休息一天。才不過半個鐘頭左右，兒子就開始嘔吐、拉肚子，可見得他是真的生病了，感到很難過，可是儘管這麼不舒服，已經國小五年級、有足夠表達能力的他，仍然只有「還好啦」、「隨便」、「喔」寥寥幾個字，讓人感覺似乎一切正常，因而容易忽略他的需要。父母如果沒有讀懂水相孩子的反應，就常常會誤判。

正因為這樣，父母教導水相的孩子，也必須引導他的意識成長，讓他學習自我表達。

◎被動、怕生又拒絕新事物

水相人的學習態度是被動的，他們怕生，不愛求新，甚至抗拒新事物，遇到困難也容易退縮。父母要讓他們面對改變的時候，必須事先告知，給他們心理準備，並且陪伴他們進入新的事物。特別是遇到困難的時候，大人要引導他度過難關，堅持下去，否則他就會逃避，不願再前進。

這一點和愈挫愈勇、不斷接受挑戰的火相氣質正好相反。所以火相父母對這樣被動退縮的孩子，可能會「恨鐵不成鋼」。偏偏他們最喜歡內在的平靜，不喜歡被打擾，所以火相父母的嘮叨和催促、風相父母的求新求變，對他們來說都是干擾。

不像火相的孩子具有攻擊性、風相的孩子愛調皮，水相的孩子安安靜靜，不會去打擾別人，也不希望別人打擾自己。父母要尊重他們的需要，給予行動緩慢的水相孩子足夠的時間和空間。

水相孩子講究的是學習品質，他們不求快，也不喜歡冒險和八卦閒聊，所以會本份的完成師長交代的功課，交出品質良好的作業。

父母不能讓水相的孩子單獨長大，必須給予他和各種氣質玩伴接觸的機會。他們對其他孩子玩些什麼遊戲或許不在意，卻對他們的反應很感興趣，這樣的刺激能帶給他們學習和體驗。所以父母要多多鼓勵水相的孩子和同學在一起，千萬別阻止他參與同儕的活動，否則他日後就會成為終日躲在家中的宅男宅女。

◎缺乏良性刺激的水相人會成為愚蠢又枯燥乏味的成癮者

水相的孩子是不具備領導能力的，除非他的第二特質是火相。不過水相人是很好的員工，他忠心耿耿不搞怪，穩定度奇佳，上司只要給個時間表，把工作交代下去，他們就會盡心達成使命。只是上司不能給他們壓力，否則他們寧可辭職不幹。

水相孩子對外界總表現得漠不關心，好像和這個世界沒有關係。如果沒有教好，他們將來會變得冷漠，與世界脫節，凡事不願參與也提不起興趣，而成為一個愚蠢又枯燥乏味的人。所以培養水相的孩子，一定要讓他們廣交朋友，有多一點來自不同家庭、不同興趣的友伴，讓其他熱情的小朋友燃起他們對外界的好奇，帶領他們進入世界，不讓他們把自己關在個人的一方天地與世隔絕。

此外，貪圖安逸的水相人一心追求享受的舒適感，對不喜歡的事避之唯恐不及，但是對於能夠帶給自己舒適感的事物，他們會一做再做，欲罷不能。萬一迷戀上負面的事物，這種行為就叫做「成癮」，例如上網。容易沉迷網路的人，以水相居多。

我朋友的先生是水相人，因為工作壓力大，每晚喜歡喝高粱酒紓壓。喝酒的時候，不忘切一盤豬頭皮下酒，而且天天如此，連戒也不想戒。他的理由很妙，竟然說：「我又沒有成癮。」火相氣質的太太不明白，為什麼先生明知自己肝不好，還天天喝烈酒，吃高油脂的下酒菜呢？對自覺性極高的火相人來說，不該做的事就要說停就停，但是水相人是缺乏自覺意識，而且不願意改變的。

我水相氣質的兒子在小學六年級的時候，有一陣子迷上數學四則運

算，每天算到深夜還不肯睡，一大清早起床又開始算不停。這樣日拼夜忙，讓我們還以為這是老師指定的功課。他就是喜歡解題的快感，所以停不下來，這也是一種成癮現象。

對這樣沉迷於快感的孩子，父母尤其要強化他的自覺意識，否則容易沾染上不好的成癮習性。

◎ 友善的傾聽者，最佳的和事佬

水相氣質的人比較缺乏想像力和創造力，不過他們是絕佳的傾聽者，在別人遭遇困難的時候，能給予很好的建議。尤其當火爆的火相槓上頑固的土相時，完全沒有攻擊性的水相是最佳的和事佬，何況他們非常有耐性，願意傾聽別人的抱怨和痛苦，也不隨便發表意見。只是，在你對他們有所求的時候，記得準備一桌好料。當他們面對美食，就會變得聰明又有趣，能夠完全發揮自己的特長，扮演好和事佬的角色。

＊人生即苦海的土相性格

座右銘：生命是真實嚴肅的
生命的主題曲：昨日
外觀：步伐沉重而小心翼翼，眼神透露擔憂與不安
整體性格：悲觀焦慮、自我中心、小心計畫、心軟而易動情、固執、富有奉獻精神、沉默含蓄、堅忍的
情緒表達：喜怒無常
學習態度：按部就班慢慢來
需要：內在的自我中心不能被挑戰
如何對待：需要受注意與被關心
人生危機：迷戀於無盡的擔憂與悲傷
人生學習重點：轉化自我中心成為無私的奉獻
金錢概念：節儉
與生俱來的角色：天生的慈善家

◎自認為承擔著人世間所有苦難的土相人

由固體所主導的土相氣質，思想是比較僵化而沉重的。土相的人自認為承擔著人世間所有的苦難。他沒有火相堅定的目標意識，缺乏風相活潑的生命力，也不具備水相的幸福感，所以生命只剩下「痛苦」。「人生即苦海」這句話就是土相人說的。

火相人認為人生就是挑戰，風相人認為人生是一場遊戲，水相人認為人生來是為享受舒適，而土相人卻認為人生是無邊苦海。他們不會往

前看，只想著昨天的種種不美好，卻不去想明天可能會更好。

因為與生俱來的負面思考，讓他們悲觀而焦慮，又因為行事僵化沒有彈性，所以十分自我中心，並不容易被說服。這樣的孩子需要具有豐富生命歷練的師長，特別是有過痛苦經驗和生命磨難的長輩來帶領。過來人的經驗能說服土相的孩子，讓他們相信自己的痛苦能被師長所理解，從而產生信任感。

土相人的腳步是沉重的，和水相慢條斯理的沉穩不同，他們因為精神負擔沉重，所以步伐難以輕盈，走起路來彷彿要踩進地板裡，又好像世界行將崩裂。他們眼裡的憂慮不安，說明他們的心靈時刻承受著煎熬。

◎內在的自我中心不能被挑戰

土相人是悲天憫人而容易動情的，聽到別人的不幸就會掉下眼淚。這麼善良而具有同情心的人，卻又是固執而自我中心的。

火相和土相的人都有強烈的自我中心。不過火相的自我中心是因為他們自視甚高，但是遇到比他們更行的人，他們願意放下驕傲的自我甘拜下風。可是土相氣質的自我中心是固執不容挑戰的，特別是在宗教或政治立場上，千萬不要想和他們爭個是非，因為土相認為自己是宇宙的中心，不可能改變，如果有人和自己的想法不同，那絕對是別人的錯。他們非但不可能因而調整自己的觀點，反而會從此和你一刀兩段，拒絕接你的電話，再也不見你。

我一個朋友出嫁的大姐是土相氣質的人，她們的媽媽過世的時候，幾個孩子為了採用哪一種宗教的告別儀式而起爭執。我的朋友比較堅持，觸怒了大姐，大姐認為自己沒有受到尊重，於是再也不回家。直到告別式當天，身為大女兒的她非出席不可，但這也是她最後一次出現在家人面前。從告別式到現在已經三年，她從未再和弟弟妹妹聯絡，也沒有再關心過娘家的人。所有的人都不能理解，為什麼平素樂善好施的大姐，只因為告別式的儀式不如她的預期，就把娘家人全部拒於自己的大門外。殊不知，這就是土相人的自我中心受到挑戰的後果。

親姐妹尚且如此，不難想像得罪土相的朋友，會是何等下場。他們的六親不認，也讓其他氣質的人又驚又怕。

土相自我中心的表現方式之一，就是操控別人。土相的操控不同於火相的大聲咆哮，因為他們的表面是沉默的，所以運用的手段也是不著痕跡而高明的。他們的掌控欲，對風相的人而言絕對是個大災難。因為風相的孩子是不能被操控的，如果他們剛好有個土相的父母，自由不羈的風相就會被過度壓抑。還記得本書在前面〈導讀一 你這樣教孩子嗎？〉提到一位四十歲的憂鬱症男性病患。風相的他就是受到土相母親的強力操控，造成揮之不去的情緒障礙，而必須長年且天天吞服十五顆安眠藥才能入睡。

◎自認為全世界的人都不了解自己

也許是早已認定人生就是一場苦難，所以土相人十分認命，可以忍受惡劣的環境，不計較物質享受。

可是另一方面，過度的杞人憂天讓他們認為其他人都不牢靠，加上思考沒有彈性，主觀又強，因此會不斷抱怨、發牢騷，這是其他氣質的人無法忍受的。所以和土相人相處並不容易，特別是和他個性相反的人，會覺得他們簡直是不可理喻、無法溝通。而也許是承受了很多痛苦，又認為別人都不能理解自己，所以他們顯得喜怒無常。

為了激勵心情低落的土相孩子，火相的媽媽可能會鼓舞他說：「別擔心，明天一定會更好。」風相的媽媽會說：「別放在心上，我們出去玩一玩就沒事了！」這兩種安慰法對土相的孩子一點都不管用。

當他們又沉浸在自己的「苦海」中無法自拔時，旁人千萬不能否定他們的感受，說什麼「這不過是微不足道的小事嘛」、「簡直是庸人自擾」，反而要說一些自己或其他人經歷過的更悲慘遭遇，告訴他們：「你這樣就痛苦嗎？我告訴你還有更悽慘的……」

要讓土相的孩子多多經驗他人的命運，使他知道有太多人的痛苦遠遠超乎自己。對於悲天憫人的土相人來說，聽到有人活得比自己更痛苦，他們的慈悲之心會油然而生，把注意力轉移到比自己更需要關照的人身上，也就顧不得自己的痛了。

父母要懂得適時拉土相的孩子一把，將他們從痛苦的泥淖中解救出來。不要對他們說：「這樣就很好啦，下次一定會更進步的。」這話只能對火相的孩子說，因為火相人的情緒轉換很快，可是土相往往無法從一個情緒中解脫出來。所以父母只好用更叫人掉淚的事，幫助土相的孩子離開自己的情緒。

◎困住自我的土相人

土相人外表溫和，富有耐心和愛心，可是他們內心對凡事早有定見，卻不會說出口，只是悶著頭照自己的方法做下去。他們做任何事情都需要縝密而小心的計畫，衝動的行為、沒有計畫的邊做邊想，在他們看來簡直是胡鬧。然而，要他們跨出第一步是如此的困難。

我的一位男性醫師友人是土相性格。有一次，我們接到一份醫學講習的招生簡章，我問他要不要去上課，他說：「是有點想啦，不過地點在台北，滿遠的。」

我說：「沒關係呀，我可以幫你訂車票。」「可是還得找地方住。」「那有什麼困難，我也可以幫你訂飯店。你只管出席上課就行了。」「可是學費要六千塊呢！也不知道會不會被騙，去了以後說不定一點收穫也沒有。」火相的我認為不入虎穴焉得虎子，所以理所當然的回說：「你不去，怎麼知道能不能有收穫呢？」

一連串的「可是」，讓他沉吟了半天，最後的決定是——我還是不要去了。

火相的人勇往直前，為了達成目標，可以排除萬難。但是土相的人會找千百個理由，為自己樹立行動的障礙。如果不了解這樣的先天差異，互相包容，這兩種雞同鴨講的氣質，注定會「土火不容」。

◎渴求安全感，學習是聚沙成塔的累積

土相的人缺乏安全感，害怕變化，所以他們的學習態度是一點一滴逐漸累積。一口氣給太多，他們會陷入慌亂。

很少對父母開金口提出要求的土相孩子，內心其實渴求安全感，非常需要大人的關心。而且大人的關心一定要表現在細節上，因為他們最講究細微末節了。誇讚他們的一些小細節，會讓他們認為你是真的了解自己，這對他們十分受用。

自以為是宇宙的中心又杞人憂天的土相人，總是強烈意識到痛苦的

感覺，所以一直試圖從世界撤退出來，不想被人世間的紛擾所苦，因此他們是消極出世的。這和火相不斷投入世界的積極入世正好相反。

其實土相所擔憂的事情，在其他氣質的人看來，也許只要一步就可以輕易跨過，但他們是如此倔強，寧可沉緬在內心的自我交戰，而不願接受其他人的建議，因為他們認為「別人都不懂我」。

想要和這麼頑固的土相人相處，必須要掌握技巧，知道用什麼方法可以感動他們，才能去說服他們。適當的示弱，動之以情，激發他們的同情心，事情往往可以如你所願。

◎ 無私奉獻的工作，能將土相內在的自我中心轉化為心靈上的「救贖」

父母如果能成功轉化土相孩子的自我中心，鼓勵他們充分展現慈悲的天性，土相人會成為願意為大眾犧牲奉獻的慈善家。他們的痛苦成就了世間許多偉大的善行，像醫院裡的護士工作，若非土相的人是承受不來的。土相人對周遭環境的不舒適有極高的忍耐力，與不喜勞力工作的風相人及喜歡舒適感的水相人比較起來，土相人真的是非常刻苦耐勞。醫生雖然也要天天面對病患，但是工作的自主性比較強，護士則往往是被動的接受指令，挑戰性較低，卻必須一而再的重複令人痛苦的工作，這絕非常人所能忍受。

還有牧師、社會工作者等，這些人必須有無私奉獻的熱忱，才能勝任他們的角色。也正是這樣的工作特性，可以幫助他們將內在的自我中心，轉化為心靈上的「救贖」。

＊沒有玩夠的後遺症：注意力不集中、過動、肢體暴力

七歲前的孩子天性好動，錯失這個學習使用身體的階段，孩子將來容易「錯用」身體，喜歡訴諸肢體暴力，或是身體無法安定下來，經常抖動不停，這些都是不知道如何自我控制身體，導致無法讓身體為自己所用的結果。

＊未建立正確人我界線的後遺症：欺負與被欺負

大人硬生生摧毀孩子的人我界線，孩子將不懂護衛自己的權益，即使受到欺負，也不知道應該反抗，他們會一退再退，直到無路可退，自己就生病了。

＊不適當使用退燒藥的後遺症：發育遲緩、免疫疾病、皮膚病等

中醫有所謂的「變蒸」，指的是七歲前的孩子，每隔一段時間就會莫名發燒，這其實是身心蛻變的能量轉換。他們發燒之後會突然長高，有如「蒸包子」一樣，加點熱就膨脹起來，每燒一次就長大一些。

＊缺乏情感教育的後遺症：厭世輕生

就算是頭腦再好的人，也不能沒有情感而獨活。過分強調智力發展，會讓身體的知覺僵化，最後把自己逼到絕境。當天才的父母或許風光，可是兒女健康才是福分。唯有健康快樂的孩子可以不斷往前學習，這個福分至少是幾代人都可以享用的。

＊填鴨教育的後遺症：彎腰駝背

正如彎腰駝背透露出來的肢體語言——缺乏自信，孩子對自己的能力沒有信心，因為他們從來沒有自己想出一個東西，在學習上缺乏足以自豪的成就感。若沒有真正內化的思想力量，孩子即使功課再好，依舊會像是枯萎的花朵般垂頭喪氣。

＊沒有玩夠的後遺症：注意力不集中、過動、肢體暴力

很多父母師長抱怨孩子上課不能集中注意力，躁動不安，這有很大部分的原因是孩子七歲前「沒有玩夠」所造成的。

目前的台灣教育，基本上是不教孩子如何使用身體的。他們從小就坐在電視機前，被動的接受聲光刺激，比較「認真」的父母還會送孩子接受「零歲教育」，讓孩子坐在教室裡學習數學操作，不斷刺激大腦，卻沒讓身體有充分活動的機會。錯失這個學習使用身體的階段，孩子將來容易「錯用」身體，喜歡訴諸肢體暴力，或是身體無法安定下來，經常抖動不停。這些都是不知道如何自我控制身體，導致無法讓身體為自己所用的結果。

◎不給孩子「用身體」的結果

相信很多父母都注意到一個有趣的現象：如果不讓小孩看電視，他們會不停調皮搗蛋，動來動去坐不住；可是只要一打開電視，孩子就立刻安靜下來，坐在電視螢幕前動也不動。電視也因此成為不少大人安撫孩子的法寶，打開電視就可以換來大人的耳根清靜，和不受孩子打擾的好時光。

只是大人千萬別忽略了，好動是孩子的天性，不動才是違反常態的怪象。不讓孩子動已經不正常，關掉電視，孩子還要吵鬧，可見孩子的意識如何受到聲光的控制。

學齡前兒童透過玩遊戲的肢體活動，間接刺激腦部神經發達，和在

課堂上直接給予他們知識去刺激大腦，結果是不同的。後者因為不讓孩子充分使用肢體，會造成孩子的過動。七歲前玩夠的孩子，能養成「由我控制身體」的本能，而不是放任「身體控制我」。

暴力犯罪就是放任身體控制個人意志的典型。暴力犯罪在高等教育普及的今天，為什麼不減反增？難道動輒十二年以上的教育薰陶愈來愈不敵食色性的獸性本能嗎？一味從「道德教育」來檢討，對改善問題的幫助是很有限的。

說穿了，正因為教育普及，家長對孩子的期待愈來愈高，所以在孩子很小的時候，就給了太多不該給的東西，把他們關在教室裡學習知識，給他們看電視、喝牛奶、吃牛肉，把孩子養出了大問題。

◎ 該給的不給，不該給的給太多，把孩子養出大問題

母乳的蛋白質含量只有1.5%，而牛奶的蛋白質含量是它的好幾倍。小寶寶的腸胃直到三歲前都尚未發展出高蛋白分解酵素，在他們的身體尚未準備好的時候就給他們喝牛奶，接著又餵食魚啊肉的高蛋白副食品，會造成消化代謝不全的毒素在寶寶體內累積，最後不得不從皮膚、黏膜排出，形成各種過敏症狀。

所以三歲前的孩子基本上應該吃素，最好能吃到九歲，等到腸胃「準備」好了，再適當加入葷食，可以避免很多不必要的過敏病痛。

小寶寶由坐起來、爬行，到站起身、學走路，過程中其實都不需要大人的協助，大人也不可以給予不必要的幫助。沒事拉他一下、扶他一把、助他一臂之力，其實都是在剝奪孩子寶貴的內在經驗。

大家看過本來只會爬行的小寶寶，終於自己學會站起來的那一刻，是多麼的歡欣雀躍嗎？這是他經驗內在成功的喜悅，也是自信的開始。大人可千萬不要硬將他立起來，摧毀他享受自信的寶貴經驗。

此外，幼兒一定要遠離奇異筆、塑膠玩具等的化學物質污染。據統計，目前世界上存在八萬多種化學物質，它們在空氣中不停散發各種化學成分，孩子吸入之後，容易變得神經緊張，嚴重的情形下會造成孩子過動。現在的孩子普遍比較神經質，這和環境中充斥太多化學物質的污染有關。

◎ 大人平均每九秒鐘，就對孩子說一次「不可以」

寶寶到處爬，喜歡探索世界，沒事就把東西塞進嘴巴裡，這時候我們會聽到大人成天對他們喊「不可以」！平均算一下，孩子大概九秒鐘就會聽到一句「不可以」。說者無心，卻是在剝奪孩子與世界的互動。大人要做的，不是追著孩子天涯海角的直喊「不可以」，而是要把他的周遭佈置成「可以」的環境。只要是在孩子身邊，讓他抓得到、咬得到的東西，必須都是安全、可以放在嘴巴而不危險的。

華德福學校一直叮嚀家長要給孩子天然的東西，包括孩子玩的都是地上撿回來的毬果、簡單的木頭等等。天然的素材能遠離化學污染，並且建立孩子與大自然的連結。

◎影響情感最大的兩個因素，一個是愛，一個是恐懼

人是帶著恐懼來到世上的，面對不可知的未來，就連大人都會感到害怕。而對身上一無所有的孩子來說，父母給他們什麼，他們就有什麼。給他們愛，他們就有了愛；父母沒有給他們愛，他們就只剩下恐懼，不知道自己又會因為做錯什麼而被責罰，所以唯有愛才能克服孩子與生俱來的恐懼。

害怕的時候，人是手腳發冷的，恐懼就是一種冰冷沒有溫暖的感覺；而人在洋溢幸福快樂的時候，全身是暖烘烘的。大家遇到感動的事，不都說「心裡感到一股暖流」嗎？

愛在身體是溫暖的能量，能活絡血液循環，讓身體健康；而恐懼會造成血管收縮、肌肉僵硬，使人生病。所以千萬不要去喝斥孩子、恐嚇孩子。

診間常有一些媽媽帶著稚齡孩子一起來看診。她們在接受我的針灸治療時，因為怕孩子碰到自己身上的針，於是恐嚇孩子：「你別動我的針喔，你如果動它，我等一下就叫醫生拿針扎你！」

類似這樣的恐嚇教育最要不得。正確的方法是對孩子實話實說，陳述大人的感覺：「媽媽針灸本來是不怎麼痛的，但是你如果碰到我身上的針，那我會很痛很痛喔！」透過表達你的感覺，啟發孩子也去感受自己的感覺，將來孩子就會懂得如何向人表達自己的感受。

＊未建立正確人我界線的後遺症：欺負與被欺負

孩子從出生到七歲，生命力完全用在充實肉體，一眠大一吋。這時期也是神經系統長成與發達的時候，所以孩子的敏感度非常高。他們先發展神經系統來感知這個世界，因而感官完全受到外在聲音、環境、光線變化的影響。這也就是為什麼大人對孩子說話要和顏悅色，柔聲慢語，否則很容易造成孩子情緒上的焦慮緊張。孩子在發展物質體的階段，大人高亢的語調和說話快速的壓力，會影響孩子將來精神體的發展。

為了讓孩子全心發育好肉體，為長遠的未來打下堅實的基礎，人生最初的七年沒有必要讓孩子學習記憶與思考。這期間反倒是有一項重要工作，最容易被大人忽略，就是幫助孩子形成「界線」。

◎ 強迫孩子分享，種下欺負與被欺負的惡果

「界線」是「我」和「他人」的分別，有了這一道「界線」，可以幫助孩子懂得自我保護，將來在學校才不會被人欺負，未來出了社會才不會讓人對自己得寸進尺。界線沒有形成，是會造成身心疾病的。

舉例來說，三、四歲的孩子一起玩，有人想要拿你們家孩子的玩具，你的孩子會怎麼說呢？「這是我的，你不可以拿！」一聽到孩子這麼說，大人都會罵孩子：「你怎麼這麼小氣！」殊不知這時候的孩子正在形成「我」的概念，逐漸認識到什麼是自己所有，意識到「我的是我的，如果我不願意，沒有人可以拿走它」。大人為了表現自己的慷慨大度，強迫孩子與他人分享自己的玩具或食物，無疑是在破壞孩子與他人的界線，這會造成什麼樣的結果呢？

◎ 不敢對婆婆說「不」的憂鬱症媳婦

我的一名患者W太太，十年來完全未曾改變自己的生活作息和飲食，卻莫名的胖了十公斤，還罹患憂鬱症，追究原因之後，才知道問題就出在同住一個屋簷下的婆婆。W太太的婆婆很跋扈，媳婦在自己房間看電視的時候，婆婆常冷不防的出現，說她現在就想待在這裡，所以要媳婦先出去。

W太太面臨這樣無禮的對待，卻只是敢怒不敢言，她沒有勇氣對婆婆說：「對不起，這是我的房間，妳想進來可以，但是我還想繼續留在這裡！」

她害怕自己的婆婆，一想到婆婆就全身發抖。我們可以想像一個婆婆惡形惡狀的逼近媳婦，媳婦節節敗退，不敢對她的婆婆說：「妳只能到這裡，我不會再退了！」

不敢畫出界線，讓W太太分秒都處在極度的恐懼壓力中，壓力造成她內分泌失調，讓她不斷的發胖。

還有一位罹患焦慮症的女病患，婚後和先生同住公寓。夫家的人感情非常好，每個人都有一把他們家的鑰匙，只要一想到，隨時都可以不請自來。這位病患從此生活在恐懼中，不要說是白天，甚至連半夜都會有人登堂入室。這樣的生活雖然已經造成她很大的壓力，她卻無法提出抗議，要求先生將所有的鑰匙收回。

病人之所以不敢據理爭取自己的權利，就是因為心中沒有形成良好的「人我界線」，這是從小未能受到正確對待的緣故。當孩子不斷告訴別人說「這是我的」，試圖築起「界線」的時候，大人卻從他手上搶走東西，還說「跟別人分享有什麼關係」，硬生生將他的界線摧毀，孩子長大以後，就會變得不懂護衛自己的權利。

有些「濫好人」，對別人的請託總是來者不拒，把自己忙得疲累不堪，就是因為缺乏「人我界線」，導致生活和健康都受連累。這樣的人即使受到欺負，也不知道應該反抗，他們會一退再退，直到無路可退，自己就生病了。所以父母一定要為孩子建立明確的人我界線，讓孩子知道如何自我保護，面對侵犯的時候勇於拒絕。

◎ 媽媽越界，孩子也不懂得尊重

我的孩子有個同學，姑且稱為A同學。他是家中的獨子，集三千寵愛於一身，自然不用說父母是如何將他疼到心坎裡。有一回大夥兒一起出去玩，媽媽把孩子抱在腿上，她越看孩子越可愛，忍不住用手去摸摸他，逗弄他。一開始兩人還玩得很高興，後來媽媽欲罷不能，越逗越過火，變成用手捏孩子的小臉頰。孩子覺得不好受，拒絕說：「不要啦！」媽媽抗議：「玩一下有什麼關係！」孩子說：「我不舒服啦！」媽媽也生氣了：「才一下下而已，這麼小氣！」她堅持玩下去，最後鬧到母子反目，從一開始高高興興的遊戲，變成翻臉賭氣。旁人看在眼裡，感覺就像兩個三歲小孩的互動。三歲小孩一起玩，玩到後來常常是吵架收場，就是因為他們都在試探彼此的「界限」。

這位A同學在班上喜歡調皮搗蛋，不時出手欺負同學，同學生氣哇哇叫，他卻不知該停手，簡直就是他和媽媽互動的翻版。A同學無法規範自己的行為，弄到最後天怒人怨，老師還要為此家庭訪問，希望能找出孩子惡作劇的原因。

當孩子說「不要」的時候，就表示大人已經觸犯到孩子的界線，應該要收手了，但是媽媽繼續超越他的界線，明知故犯，這也導致孩子不能分清楚人、我的界線。

◎ 孩子一起遊戲的過程，也是在學習人我界線的拿捏

幾個孩子在一起玩，最後常常會玩到吵架。大人看到孩子在吵，總是會喊「別再玩了」、「別再打了」，然後責罵個性比較強勢的一方。這樣的作法只會招來強勢一方的不平，認為大人偏心，每次都把錯歸在自己頭上。

理想的作法，是讓孩子自己去吵，吵到有一方哭了，大人再出面。這時候，大人要讓老是哭的孩子知道應該開口向人說「不」，讓他懂得捍衛自己。如果不能做到這一點，將來孩子在學校就容易被欺負。

我有一雙兒女，兩個小時候常在一起遊戲。風相的大姐活潑好動，一玩起來就無法喊停，水相的小弟沒有那麼大的玩勁兒，卻還是「捨命陪君子」，最後總是弟弟一忍再忍，忍到受不了只好放聲大哭。我在一旁觀察幾次以後，就告訴姊弟倆說：「弟弟以後只要覺得自己不想玩了，就要喊停，別等到受不了才要哭；姐姐也要尊重弟弟，人家說不想玩，就是不想玩了，不能再強迫他」。可是姐姐一開始還不會拿捏界限，不知道什麼是「見好就收」，經過幾次以後，她終於學會在弟弟喊停的時候就適可而止。

◎ 被欺負的一方也有問題

我女兒小學六年級的時候，常被班上一名男同學欺負。一般都以為

欺負人的一方有問題，但是我心裡很清楚，被欺負的一方也有問題，他們因為缺乏明確的「界線」，才會容易受人欺負，被人盯上。

那時，我女兒每天回家都垂頭喪氣，情緒十分低落。我和她慢慢聊，才知道同學經常用言語挑釁、欺負她。從此以後，我十分關心她每天在學校發生的事，同時也陪著她「沙盤演練」，教她在遇到狀況的時候該如何反應，最重要的是，當她受到不愉快的言語攻擊，一定要當場表明自己的不悅：「請你不要這樣說我，我不是這種人。」

要一個孩子說出這些話，其實需要相當大的勇氣，他的勇氣何來呢？勇氣來自父母從小給他支持，讓他勇於表達自己的「想要」與「不想要」。唯有本人勇於表達，才可能改變現狀。

*不適當使用退燒藥的後遺症：發育遲緩、免疫疾病、皮膚病等

家有小孩的父母，應該都體會過抱著高燒兒，急得六神無主，不知如何是好的經驗。絕大多數父母的反應，就是趕緊到醫院去用藥退燒。現在有很多孩子長不大，免疫系統疾病氾濫，正是因為不恰當使用退燒藥的後果。

發燒對人體的溫度系統而言，是一個危急的轉捩點。各式各樣的原因都可能引起孩子發燒，一個生日慶祝會，或是長途旅行太疲累，還是天氣突然變化，甚至是掉牙，都可能造成孩子的身體過度負荷，受到病原體的影響而發燒。

動物實驗已經證實，病毒和細菌在人體的體溫降到攝氏三十二至三十五度的時候，可以發揮最強大的傷害力。相反的，當人體溫度高達攝氏三十九至四十度的時候，身體可以有效殺滅細菌病毒，並且避免它們再度繁殖而危害人體。

所以，發燒是人體對抗病原體的天然武器，而且在活化人體內在防禦系統的過程中，許多重要的反應都必須藉著發燒加以啟動。然而，就在孩子的體溫升高，準備要啟動防禦系統對抗外來病原體的時候，無知的大人卻選擇使用退燒藥，硬是把孩子的體溫拉下來，撤除孩子體內的天然防禦力量。之所以做出這樣的蠢事，只因為大人捨不得孩子發燒，害怕孩子發生危險。

如果大人能夠認識發燒對孩子的意義，明白它會給孩子帶來哪些好處，以及對孩子將來的成長發揮如何重大的力量，就不會做出這般「野

鬱」的處理了。

當體溫燒到三十九至四十度之間，細菌和病毒是很難在人體內存活的。如果用退燒藥把體溫降下來，體內的細菌或病毒會立刻得到休養生息的空檔，加倍繁殖。等到退燒藥的藥效一過，孩子的體溫必須燒得更高，否則無法將壯大的侵略者驅逐出去。

這就是為什麼吃退燒藥的孩子，總是退一陣，燒一陣，退一陣又燒一陣，總要反覆三、四天之後才會平靜下來。反而是不吃退燒藥的孩子，通常燒一天之後就自行退燒了。當然，這一天並不好過，小病人唯一能做的，就是向學校請假在家生病，躺在床上呻吟。即使給予中藥輔助，也只能幫助孩子稍微緩解症狀，溫度有時甚至會燒到四十度以上。

還好，四十一度以上連燒三天才可能燒出問題，何況「只是」三十九度多，家長不必過度緊張。因為第二天便會雨過天晴，孩子又生龍活虎了。

反觀吃退燒藥的孩子，病情拖延反覆，即使燒退了，臉色發白，口苦口乾，嘴唇脫皮，神情倦怠，而且久久都不能恢復胃口和體力。經常使用退燒藥的孩子，身體的溫度被迫下降，日後會更容易發燒。因為孩子的成長需要溫度，溫度不足，他們只好自我產熱才能長大。

◎ 不讓孩子發燒，將來得腫瘤的風險增高

父母細心觀察，會發現孩子如果不吃退燒藥，每次病好了之後，身體會急需要補充能量，於是變得胃口奇佳，才一、兩個星期就像竹筍般的突然抽高，人也變聰明。

中醫有所謂的「變蒸」，指的是七歲前的孩子，每隔一段時間就會莫名發燒，這其實是身心蛻變的能量轉換，所以他們發燒之後就突然長高，有如「蒸包子」一樣，加點熱就膨脹起來，每燒一次就長大一些。

濫用退燒藥還有一個隱憂，就是可能增加將來長腫瘤的風險。雖然體溫降低半度或一度，我們不會有明顯的感覺，但其實身體的血液循環已經變慢，細胞的新陳代謝也變差，火力下降讓身體逐漸形成沉澱物，久而久之就形成腫瘤疾病。

有的孩子只要一感冒就發燒，這是屬於陰虛火旺的體質。因為身體的陰陽失衡，水不足而火過旺，所以一感冒上火就會立刻發燒。缺水未必都是水分攝取不足造成的，如果內臟對水分的利用不佳，即使補充大量水分，也不能為身體所利用，因此必須請教中醫找出水份利用不佳的原因。多數有這類問題的孩子，都是脾胃（消化系統）的運化功能不良（脾陰虛）引起的，若不能把陰虛的體質調整過來，長大以後仍然會經常發燒。

我的一個病人的孩子就是三天兩頭的發燒，每次一發燒，大人就緊張，忙著給他服用退燒藥，結果孩子長不大，每天吃不下飯，還有口臭的問題。

小孩正值發育期，調理身體的速度比大人快，不像大人動輒要幾個月時間。所以孩子如果有病痛，父母不應該為了求快，捨中醫而就西醫，只求治標而不治本。

◎ 孩子發燒是為了換掉得自父母的不良遺傳細胞

孩子的體溫在攝氏三十七至三十八度的時候，體內白血球會增加兩倍；燒到攝氏四十度的時候，白血球會升高到八倍。發燒的目的在於強化免疫系統，促使免疫系統進行調節，並成熟茁壯。發燒的另一個重要功能，在汰換掉得自父母的不良遺傳細胞。這時候用退燒藥強行降溫，很可能只是吃藥三天，卻得用一整年發皮膚病的方式來解決問題。

經常用退燒藥強行降溫的後遺症還不止於此。它會損害免疫系統，使身體發生自體免疫疾病，日後罹患淋巴癌、紅斑性狼瘡等病變；女性在青春期使用退燒藥，容易演變成痛經、月經不規律等婦科疾病。

◎濫用退燒藥爆發皮膚病

我的門診當中有許多皮膚病患者，追查他們的病史，可以知道他們小時候常常感冒發燒，而且都是以退燒藥治療，從此深植皮膚病的病根。

我的一位乾癬小病患，就是在四個月大的時候，因為發燒而連續使用退燒藥一個月，之後就爆發乾癬，而且是病況十分危急的「化膿性乾癬」。目前的西醫都公認乾癬是一輩子無法治癒的免疫疾病，才四個月大的孩子，卻被醫生判定一輩子都要與牛皮癬為伍，孩子的父母難過得終日以淚洗面。後來，他們把孩子送到我這裡看診，如今乾癬已經治癒。

另一位乾癬小病患的媽媽，對孩子照顧得無微不至，一見到孩子體溫稍微升高，才不過攝氏三十八度就急著用退燒藥。孩子因為皮膚病來找我治療，治療沒有多久，上半身的乾癬已經退去，可是治療當中，不巧孩子感冒發燒，媽媽再度祭出退燒藥，結果一劑下去，疹子立刻又復發。

不讓孩子發燒，問題只好從皮膚透發出來，以解決身體的需要。所以我治療皮膚病的孩子，可以看到他們的病快要痊癒前，會一次又一次的發燒，可是不會再犯皮膚病，等到燒得差不多，病也就痊癒了。

還有的人小時候吃了很多退燒藥，好歹也體弱多病的長大了。成長的過程中，他們雖然小病不斷，可是並沒有發皮膚病，直到出了社會，因為工作過度勞累，可能只是一場感冒，就讓他們的皮膚病一發不可收拾。

◎小兒發高燒的正確處理

有的家長反駁我說，妳自己當醫生，知道怎麼處理，當然不必太緊張，可是我們不懂得分辨，萬一讓孩子燒過頭，豈不是全毀了嗎？我自己的女兒就曾經燒到攝氏四十點七度，我先生本身還是西醫，我們也從不給退燒藥。之所以敢這麼篤定，是因為我們掌握了「不燒壞腦」的重點。

發燒最怕的就是燒壞腦，只要不讓熱集中在頭部，就可以避免燒壞腦的風險。孩子要發高燒之前，會先畏寒。當孩子感到畏寒的時候，大人要趕緊用熱水袋敷在他們的肚子，熱度就不會往頭上衝，而會往四肢均勻散去。

當體溫漸漸升高，爬上四十度，我們只要用冷水（不能用冰水）拍打孩子的手心與腳心，把熱引到四肢，孩子的體溫就不會繼續升高了。

最怕的是孩子半夜發燒，大人也擔心得一夜不能闔眼。這時候，只要用膠帶將檸檬切片貼在孩子的腳心，大人就可以安心的去睡覺。因為經過以上的適當處理，孩子過高的體溫會漸漸退去。

如果能做到不用退燒藥處理發燒，小兒的發燒病程會一次比一次短。硬是用退燒藥退燒，孩子的發燒病程將一次拖得比一次長，本來兩天就會退燒的，以後要拖上一個星期。

同理，處理小兒熱痙攣也是如此。熱痙攣就是熱集中在腦部所造成，處理方法同樣用冷水拍打病人的手心和腳心。發高燒的時候熱集中在頭部，手腳就會冰涼，大人用冷水拍打病人的手心和腳心，直到手腳不冰涼了，就表示熱已經疏散到四肢，危機便解除了。

孩子每發燒一次，就會發展出新的特質，好像一病之後突然長大。他會開始和原來討厭的人做朋友，從原本的害羞變得開朗，這就是發燒對孩子成長的重要意義。

＊缺乏情感教育的後遺症：厭世輕生

我手邊有一份剪報：「IQ148天才，三十歲早夭。曾經以超高智商震驚馬來西亞的華裔神童張士敏，拿到美國康乃爾大學博士學位以後，疑因受不了社會壓力而變得自暴自棄，不說話也不進食，送醫院治療五年後，撒手人寰，年僅三十歲。」

◎缺乏與世界的連結，讓天才早夭

張士敏這個孩子早年接受智商測試，成績高達IQ 148，世界上只有百萬分之二的人擁有這樣的智商。他十一歲小學畢業後就連跳數級，十三歲就讀美國麻省理工學院，成為最年輕的外國大學生，也創下金氏世界紀錄。他十五歲的時候考入康乃爾大學，攻讀博士學位。也就是說，當其他人才剛進國中，他已經在讀大學；又當其他人還在準備高中升學的時候，他已經拿到長春藤名校的博士入學資格。七年後，他拿到博士學位，卻是天才夢止。因為年紀太輕，沒有辦法適應美國環境和工作壓力，又加上周遭對他的奇特眼光，導致他心理壓力過大，變得性格孤僻，後來狀況惡化，他不斷試圖自殺，不願說話和進食。在和心魔糾纏五年後，終於因為搶救無效，而結束他傳奇的一生。

奇人的厭世，可以追溯到他七至十四歲的時候，跳過情感培養的階段。就算是頭腦再好的人，也不能沒有情感而獨活。過分強調智力的發展，會讓身體的知覺僵化，最後把自己逼到絕境。為人父母者，與其期待孩子的智商高人一等，不如期待孩子健健康康。當天才的父母或許風光，可是身為兒女健康的父母，才是真正的福分。唯有健康快樂的孩子可以不斷往前學習，這個福分至少是幾代人都可以享用的。

沒有人會否認莫札特是個不世出的天才，可是天才也只活過三十五個年頭就匆匆下台一鞠躬。莫札特有個嚴厲的爸爸，從天才小時候就不斷鞭策，還帶著他到處表演賺錢。他讓孩子直接跳過和同儕玩耍的情感培養階段，逼迫莫札特提前面對成人的世界。莫札特患有妥瑞氏症，壓力一上來就會學動物叫或口出穢言。他著名的歌劇《魔笛》，有一段短笛的獨白，根據後人研究，就是他妥瑞氏症發作時，模仿動物叫聲所寫成的。

音樂家舒曼也是年紀輕輕就跳河自盡，留下愛妻克拉拉和摯愛的兒女。這些具備特殊天份的人，需要的是更多的保護和照顧，而不是提前開發他們的天賦，否則無異於「殺雞取卵」。

＊填鴨教育的後遺症：彎腰駝背

很多上了國中的孩子開始駝背，小老頭和小老太婆的模樣常惹得師長在後面哇哇叫。師長越是糾正，孩子駝得越嚴重。這是為什麼呢？

沒錯，正如彎腰駝背所透露的肢體語言——缺乏自信，孩子對自己的能力沒有信心，因為他們從來沒有自己想出一個東西，在學習上缺乏足以自豪的成就感。

◎ 被動的學習無法培養自信心

孩子國中以後，肉體成長的速度變緩慢，只將三分之一的生命力用於肉體（物質體）的發育，這其中有一部分的能量用來發展代謝系統，也就是消化功能。大約十六歲左右，他們的心肺功能已經發育完成，這就表示節奏系統已經定型。也一直要到十四至二十一歲左右，人類才結合生命力與感知體的力量來發展真正的思考。這個時期半大不小的孩子，有一肚子的問題，滿腦子為什麼，教育應該啟發孩子提出問題，同時鼓勵他們去尋求解答，而不是命令孩子這樣那樣，或是直接塞給他們一個制式的答案。

上過傳統健康教育課的人都知道，如果今天的課程要講解肝臟，老師多半照本宣科：「肝臟有×大功能。第一是解毒，第二是儲血……」

言者諄諄，聽者藐藐，學生回家又得死背活記，等到一考完試，便通通忘得一乾二淨。如此缺乏啟發性的學習，徒增學生的負擔，效果事倍功半。

華德福教育的國中教學，是採取問答方式，而不是讓老師在台上獨白，學生在台下被動接受。同樣以講解肝臟為例，華德福的老師會提供一個動物的肝臟為模型，像是最近似人類肝臟的豬肝，讓同學先去觸摸它的感覺，聞它的氣味，觀察它的外型，然後讓每一個學生發表自己對肝臟的感覺，並且利用問題引導學生去思考。比如說，新鮮肝臟的顏色血紅，腥味濃厚，這代表什麼呢？（引導出：它的藏血量大）它摸起來柔軟，一捏就破，如此重要的器官怎能這麼容易受傷呢？（引導出：還好它的再生能力很強）諸如此類，透過學生用感官實際接觸，說出他們的感覺和推論，讓他們自由發表。經由一問一答，建構出學生對肝臟的認識，老師最後整合所有學生的答案，做出總結。

也就是說，答案是由孩子自己透過具象的觀察，進一步感覺和思考，親口說出來，並內化為知識。有了這一個思考活絡的過程，孩子對於自己尋求答案的能力萌生自信心，這份自信的能量會貫穿脊椎，使背脊挺立。

十四到二十一歲正在發展思想的階段，這個階段如果未能經驗過自己思考的成果，會讓他們自覺一無是處。引導式的教學能刺激思考過程，因為動腦而產生的成就感就成為貫穿脊椎的能量，孩子自然會抬頭挺胸。

所以大人要時時問孩子問題，不管你認為答對或答錯，都要給孩子鼓鼓掌。因為答案本來就沒有絕對的對或錯，可能性是無所不在的。

父母師長常會命令駝背的孩子說：「去靠牆站好！」然而駝背是孩子缺乏自信的表現，根本的矯正方法應該是建立其自信心。當孩子的思考力獲得發展，知識內化為自信與成就感，這一力量就會充實脊椎，使背脊挺直。而若沒有真正內化的力量，缺乏自信心的加持，孩子即使功課再好，依舊會像是枯萎的花朵般垂頭喪氣。

給予孩子自信的方法就是鼓勵他勇於發表意見，當他的見解獲得肯定，一次又一次的累積自信心，這一力量就會使孩子昂揚。

Waldorf
Education

第四篇 豐樂華德福師長的話

＊黃奕立老師（豐樂華德福學校負責人）

華德福教育就是要孩子輕鬆學習，卻能奠定高度專注的學習力，養成四肢發達，頭腦充滿潛力的健全自由人！

＊吳麗美老師（豐樂華德福學校手工老師）

小小的手工，就能豐富甚且改寫孩子的生命體驗。

＊周俊煌老師（豐樂華德福學校國中導師）

教育就是「預防醫學」，良好的教育可以引領一個人走向一生的健康及自由。

＊洪世勳老師（豐樂華德福學校藝術教學老師）

藝術教育是華德福教育理念中最珍貴的一部分。

＊陳尤莉老師（豐樂華德福托兒所老師）

期待越來越多人加入華德福，和我們一同努力，讓這幸福的教育國度長長久久。

＊許麗玲小姐（豐樂華德福學校家長）

孩子讀華德福學校，連我缺憾的心都受到療癒。

黃奕立老師（豐樂華德福學校負責人、學生家長）

華德福教育就是要你「從生活入手，讓學習有感覺」；輕鬆學習，卻能奠定高度專注的學習力，養成四肢發達，頭腦充滿潛力的健全自由人。

十年前，我是科技業的經理人，手下有八十多名員工。我發現到，公司花了很多心血與成本培養新人，但是效益非常有限。

我也清楚記得，當年台積電董事長張忠謀在交通大學開EMBA課程，曾經提到台積電員工碩博士滿堂，但是能夠解決問題的人才不到百分之五。那時我就開始省思，國家培養了這麼多優秀的高級專業人士，可是為什麼就連在台積電這樣頂尖的大企業裡，這些碩博士解決問題的能力是這麼薄弱？我們的教育究竟在哪一個環節出了問題？具備創造性的人才該如何養成？

＊輕鬆學習，卻奠定高度專注的學習力

後來，我接觸到華德福教育，進入它的教育哲學，深深被它豐富精彩的內容所打動，尤其是這種沒有課本的教學，完全超乎我的經驗理解，更叫我驚訝。於是我離開企業界，結合多位具有共同理念的老師，為了自己的孩子，在台中地區創辦第一所華德福學校。

我的兩個男孩都是「華德福出品」，老大已經進入體制內高中，老二還在念華德福學校國三。老大的啟蒙教育雖然未能在華德福完成，但

是國中三年的華德福教育，讓他免除了體制內國中的升學壓力之苦，並且在短短的三年，獲得了好多寶貴的「實作」經驗，包括親手做了一把自己的胡琴。這把胡琴的共鳴器竟然是一個鐵罐子，胡琴的柄和桿子是他自己用木頭刨削出來的。他還為了篆刻，對大篆和小篆都做了深入研究。這孩子還能手繪各種形狀的器物，並且素描景物。這些無不是在華德福教育中玩出來的。擁有這麼豐富的國中生活，他仍然能夠毫無障礙的銜接上體制內高中，目前也在高中過著快樂的學習生活。

華德福教育的特色之一，就是「從故事中學習」。這裡的老師個個都是說故事高手，透過故事描述情境，充分吸引孩子的專注力。媒體採訪了許多基測和學測成績十分優秀的孩子， 都發現他們的學習效率不在於勤補習，而是對課堂上的學習有非常高度的專注力，能夠用心聆聽老師的授課內容。這樣的專注力，對孩子的學習相當重要，必需從小培養。

我的大兒子在華德福的教育訓練下，養成了正確的學習態度，因此在銜接到體制內的高中以後，雖然忙於學校社團，學業成績仍然輕鬆保持在全班前三分之一程度，完全不必老爸老媽為他擔心。這也是我們受益於華德福教育的眾多優點之一。

＊手是外部的大腦，四肢發達，頭腦一定不簡單

不但如此，從華德福教育出來的兩個孩子，篤信雙手萬能，而且非常喜歡親自動手做，無論在編織、繪畫、烘焙、雕刻、泥塑、機械修理等方面，他們都十分擅長，遠遠超出一般專長考試而疏於自我照顧生活的孩子。光是具備這樣的生活技能，就足夠讓身為父母的人感到欣慰，

但是更讓我驚訝的是，孩子成長到十五、六歲時，他們的思辨能力已經遠遠超出我的期待。究竟這些「針線活兒」、「敲敲打打」，和孩子思考問題的能力有什麼關係呢？

華德福教育認為，「手是外部的大腦」，它讓低年級的孩子優游在手工、繪畫、捏蜜蠟或泥塑的世界裡，就是在刺激兒童腦細胞的發展。在一般心急的大人看來，這些遊戲簡直就是在浪費「學習時間」，但是幾年以後，遊戲的潛能源源不斷的展現在孩子的學習表現上，讓我驚艷不已。

＊華德福教育醞釀學習的生命力，就是要你「從生活入手，讓學習有感覺」

華德富教育具有諸多特色，我尤其要舉出「圖像式思考」和「遊戲課」，強調「從生活入手，讓學習有感覺」。

我們不斷讓孩子透過「圖像式思考」做學習，因此無論是語言或自然科教學，老師都有精彩的故事可以說，而且至少會將一個故事畫在黑板上，讓孩子的腦海裡自然而然出現一幕幕故事的景象。我們會在故事結束後，讓孩子在自己的課本上畫出他認為印象最深刻的故事情節。有的孩子會模仿老師黑板上的畫，有的孩子則是任意發揮。這種經由孩子的手親自操做的學習模式，貫穿華德福小學六年的課程。它不但讓孩子手腦並用，也豐富了小小心靈的美感。這種「圖像式思考」醞釀了學習的生命力，同時讓孩子把藝術內涵融入生活。

華德福教育非常重視孩子團隊互動的能力，講求「團隊學習」。我們小學一年級的孩子有散步課程，升上二年級以後，老師還會針對孩子設計各種遊戲活動。這些遊戲背後都有其「意圖」，就是要讓孩子們在遊戲中產生互動，無論是攻防還是競爭，都必須透過互相支援和掩護，學習團隊運作。

也就是說，我們是藉由孩子與故事、孩子與孩子、孩子與大自然的互動情境，展開各式各樣的教學。

我們小學四年級的孩子還有一堂「徒手幾何」的數學課，它讓孩子在沒有任何圓規直尺的協助下，畫出許多美麗的圖形。乍看似乎是一堂美術課，其實是進入精確幾何之前的暖身預備課程。我們還讓孩子做披薩，表面上看，這似乎是烹飪課，但其實已經進入數學的「幾何」和「分數」概念。

家長或許不明白，華德福為什麼要如此大費周章的玩這些東西呢？我們有位讀完小學六年華德福學校之後，回到體制內國中的孩子。孩子的爸爸有一次遇見我，對我大呼不可思議。他說孩子在國中學數學，每次只要碰到幾何問題，他總是拿第一。他簡直無法想像，從生活操作中體悟的「數學」，竟然能夠發揮這麼大的學習成效。

回顧這十年，辦起一所體制外的學校，陪孩子一同成長，讓我看到了完全不一樣的教育新希望，不只是孩子，連我自己都受益匪淺。

吳麗美老師（豐樂華德福學校手工老師）

做手工給了孩子自信心，培養了主動分享的心量，練就手眼協調能力，養成做事有始有終的意志力，造就審美眼光，並引領孩子享受心性的和諧平靜。做手工有它潛移默化的巨大影響力，小小的手工，就能豐富甚且改寫孩子的生命體驗。

在華德福教育體系中擔任手工課程教師，讓我親眼見識了這一門課對於孩子學習態度的深遠影響。

我們知道孩童在七歲之前的主要功課，就是盡情遊戲，從遊戲發展想像力，養成好習慣，培養品德與意志，並強化全身的小肌肉。而從七歲前的遊戲，進入到七歲以後的課堂學習，必須有一個過渡的引導，這時候發揮引導作用的，便是「做手工」。

＊做手工給予孩子莫大的滿足，啟發智力，養成意志力，也讓孩子主動分享

開始做手工之前，我會先講故事。棉花、木頭、紙張、羊毛都有話要說，顏色也有各自精彩的故事。以說故事為開端，可以協助孩子發展出意願和能力，去組織、完成自己的第一件作品。

千萬不要小看編織、刺繡、裁縫這些「雕蟲小技」，這是在預備孩子終其一生都能有始有終的做事態度，養成他們的意志力、審美眼光與基本計算能力。

人體神經末梢的發展，直接影響頭腦的發育，如果沒有在兒童時期給予良好的發育刺激，將來就很難再開發。孩子一生要使用的資產，是在小時候培育而成的。因此對學齡前的孩子，要讓他們盡情發展肢體，藉以活潑神經系統。

我們在手工課所使用的材料，都是取自天然。舉凡純羊毛、毛線、棉花、棉線與棉布、麻布、絲絹、竹子等，觸感都十分舒適，可以讓孩子透過與天然材料的頻繁接觸，鍛鍊神經末梢的反應，進而刺激頭腦發育和思考，練就手眼協調功能，增強學習能力。

小朋友從做手工當中，首先獲得莫大的滿足感。這個年紀便能夠完成實用的作品，給了他們自信心，有信心的人就會健康。每天使用親手製作的筆袋、笛袋、植物染的手帕等物品，可以讓孩子與生活產生溫暖的連結，對環境有責任感，不會濫用塑膠等污染地球的產品。

透過做手工，他們學會簡單的算數與幾何，懂得欣賞同伴的作品，也學會互相幫忙。孩子對玩具常常有一致的喜好，你喜歡的洋娃娃，我也愛；我玩的變形金剛，別的小朋友也喜歡，所以容易為了一個玩具爭搶成一團。但是當玩具是自己手做的，他就會十分珍惜，乃至珍惜製作的過程，而不會發生搶奪的情況。不僅如此，他們還會彼此分享作品，將自己完成的作品送給合適的人。透過這樣的分享過程，孩子的「心量」從小開展出來。有心量的人，也必定會健康快樂。

更有趣的是，先學會的孩子總是很樂意用他們的童言童語傳達技巧，把受挫的同伴教會。所以最後教會孩子的，並不是老師，而是他們的小同伴。當我看到才國小一、二年級的孩子主動去教同伴，感到很驚訝。因為過去看到的，往往是孩子你爭我搶，可是現在看到的，卻是主動協助。這樣的分享不僅限於物品，還包括自己的能力，這是非常特別的。更何況完成娃娃、動物等作品以後我們要合演一齣戲，編故事、選定角色的過程都是在學習充分合作，並發揮想像力。

＊不分男孩女孩，不論手巧與否，沒有一個孩子不愛做手工，情緒障礙的孩子尤其樂在其中

隨著孩子年紀愈大，手工愈複雜，需要更多的技能和耐心。一些高年級或國中才轉進華德福學校的孩子，一下子無法適應手工課。一開始，我很擔心新來的學生會排斥鉤針、棒針、刺繡等手工。出乎我意料的是，即使是男孩子，無論學起來多麼的吃力，他們都樂在學習，費盡千辛萬苦也要完成自己的手工作品，沒有一個孩子是排斥手工的。

還有部分被心理醫生診斷為過動兒、注意力不集中、亞斯柏格症等情緒障礙的孩子，比起一般「正常」的孩子更喜愛手工課。我長期觀察了解，並記錄他們的學習過程，可以發現最大的改變在於他們的情緒。無論是編織，還是製作手工書，都需要耐著性子，按部就班，循序進行。孩子從如此不斷重複的過程中，找到了自己一直在尋找卻沒有找到的某種和諧與平靜。例如過動的兒童或青少年，在學習棒針的時候，因為手不夠靈巧，所以需要更大的耐力。但是他們並不放棄，一做就是一兩個小時以上，直到完成。我認為他們是從重複的動作當中，找到了規律性，內心進入有步驟、有秩序可循的安寧片刻。這樣穩定平和的狀態，是一般治療師無法提供或是還沒有帶領他們找到的。

有了這樣的美妙體驗，情緒障礙的孩子自然會想要繼續做下去。當心靈平靜的片刻開始有規律的出現，連成平靜的片段，就會在腦部形成

阿爾發波（α波）。修行人誦經、打坐，都可以讓腦波停留在阿爾發波狀態，尋求更長時段的身心平靜。孩子不懂什麼是阿爾發波，但他們的本能其實也在尋求這樣的平靜時刻。

當他們藉著手工課程，體驗了平靜時刻的美好，這個美好的經驗就會成為美好的模式，帶領著他們挑戰其他課程，例如繪畫、閱讀、數學等，所以手工課也是一種學習的橋樑，引導他們進入並喜歡其他課程的學習。

我有一名國中二年級的女學生，儘管她本身的閱讀能力並不低，但就是沒有辦法坐定下來持續閱讀。以她的年紀而言，這並不是好現象。然而，我看著她連續織了至少三、四條圍巾，簡直是欲罷不能。織完圍巾以後，她的學習力明顯有了進步。這就是手工潛移默化的結果。

大人或許不明白，一個孩子打那麼多圍巾要做什麼呢？孩子這麼熱中於手工，是因為他們想要將作品與人分享，也證明自己是有成就和能力的。沒錯，小小的手工，就能改寫孩子的生命體驗。

*說故事，讓機械性的手工動作與孩子有了情感的連結，豐富情感記憶，又能增進語言的學習

做手工一開始不免有一些機械化的動作，如果只是要求六、七歲的孩子跟著老師一個口令一個動作，步驟一、步驟二的做下去，孩子很快就會「棄械投降」了。

「故事」會令人入迷，所以我針對每一個班級的氣質，為手工動作編故事，讓每一個動作都能夠與孩子產生情感的連結，讓孩子就連在穿

針引線的時候，都有引人入勝的情節可以聯想。這麼做，不但能幫助他們記住機械性的動作，還可以豐富他們的情感，在學會手工的同時，留下美好的、柔性的情感記憶。

曾經有一名華德福國中的男同學，在語言課堂上拿出毛線編織。老師雖然認為他可能因此分心，但並未立刻制止，只是「靜觀其變」。沒想到孩子不但把老師的課都聽進去，還能指出老師錯漏的地方。這是為什麼呢？

史戴納博士的教育基礎理論中，認為人有「十二感官（知覺）」。十二感官當中，「語言覺」和「動覺」是互相連結的；也就是說，當你在學習語言的時候，如果身體處於動態中，那麼對語言的理解、記憶和認知能力都會提高。因此，學生在上語文課的時候拿出毛線來編織，竟沒有分神，反而還能指出老師的錯誤，就是這個緣故。

華德福的孩子在學習外文的時候，老師必定會帶著做遊戲，或是跳舞、唱歌、做動作，目的就是要讓「語言覺」和「動覺」發生深刻的連結。所以華德福教育的孩子從小學一年級開始就學習兩種外語，並且都能掌握得很好。尤其讓外界驚訝的是，我們的孩子直到三年級才學習字母，也就是說，前兩年的外語學習，是沒有文字的。但是他們已經用身體充分去感受這些語言了，所以在還不認識字母的時候，就已經能聽又會說。

華德福的外語教育是「陶冶的過程」，而時下一般的英語教育則是「訓練的過程」。陶冶是有感情的，因此它會深刻，又充滿了美感，和枯燥的訓練是不同的。

＊華德福教育可以為時下受苦的老師和學生解套，讓大家跳出制式教育的窠臼，建構快樂學習的世界

做華德福教育的人，在提攜孩子成長的同時，也得到豐沛珍貴的回饋。我樂在其中，也很想要與人分享，擴大這種喜樂。因此我總是說，做華德福教育的人就像傳教士，總是希望能有更多人聽到「福音」。

我出身師範教育體系，我的同學全都是體制內的教育工作者，每當我和他們分享華德福教育的種種，他們總是驚羨連連，感動不已，甚至無法相信，搖頭直說「不可能」，於是我會斬釘截鐵的告訴他們：「多少年來，我們都是這樣做的。」

我這些從事教職二十多年的同學們，有一般外人無法想像的痛苦和矛盾，誰能為他們解套，跳出制式教育的窠臼，找到與孩子愉快相處的方法，又能幫助孩子樂在學習呢？我想，華德福教育正是他們所要的答案。

周俊煌老師（豐樂華德福學校國中導師）

華德福教育又稱為「邁向健康的教育」，也叫做「邁向自由的教育」。教育其實就是「預防醫學」，良好的教育可以引領一個人走向一生的健康及自由。

我六十五歲從大學退休，來到華德福中學當導師。在這之前，我在大學教了十年的人生哲學。而更早的時候，我在美國加州的矽谷工作過八年，除去這八年時間，我的職業生涯都在教育界。

大學退休前一年左右，我開始積極準備進入華德福學校當導師。我從學校當時最高年級的班，五年級班的下學期開始做接班的準備，從事進班觀察，陪孩子登山，和導師討論班級經營等等。2005年夏天，我從大學退休，秋天接下這個七年級班，從七年級帶到九年級。

進入華德福教育和人智學，我深深被其嶄新的理念、完備的體系，而且在世界不同的土地與文化裡繼續拓展中與實踐中的諸多特性所吸引。世界上沒有別的教育與思想體系，具有這樣的特質。

史戴納博士在1919年創立第一所華德福學校，九十年來，全球已經有上千所中小學（台灣目前有五所華德福的中小學）。整體而言，它在世界各地累積了九十年的教育經驗！

史戴納博士在教育的實踐之前，已經開始建構人智學(Anthroposophy，人類智慧的學問）。位於瑞士的自由精神科學學院

（School of Spiritual Science / Goetheanum, Dornach, Switzerland），是史戴納世界人智學研究與實踐的中心。中心有十個部門，分別是青少年、數學與天文、醫藥、自然科學、教育、藝術、農耕、優律思美語言戲劇與音樂、文學與人文、社會科學。

華德福教育又稱為「邁向健康的教育」，也叫做「邁向自由的教育」，它主張教育其實就是「預防醫學」，良好的教育可以引領一個人走向一生的健康及自由。

如果把教育比喻為百年樹人的工作，那麼教師就好比園丁，每一個學生好比一棵植物，他們可能是蘋果、松樹、向日葵……園丁適才適性適時的提供不同植物該有的滋養，絕對不揠苗助長。

*孩子都愛華德福，最大的阻力反而是來自家長

我帶領的華德福國中班，前後一共有二十位學生。由於經費和適當的教師難得等因素，我的班每年都是混齡班。這一班七年級的時候，有一位九年級的同學隨班附讀，在2006年夏天畢業。這一班八年級的時候，有四位九年級的同學隨班附讀，都在2007年夏天畢業。這一班九年級的時候，有六位九年級同學，還有四位八年級的同學隨班附讀，而這六位九年級的同學在2008年夏天畢業。

以這一班九年級的下學期為例。學期開始，我們班接受一位從加拿大回台灣，只認得幾十個中文字的八年級生；九年級畢業前十一周，接受了從香港來的兩位英國籍九年級遊學生。也就是說，這個班有時會有不同狀況的新生加入，但是學生們的學習並沒有因而受到干擾，反而因為新生命的加入，激發班上同學更豐富的生命體驗和國際觀。

我這個班對生命和世界的接納能力，能夠隨時歡迎來自國外的華德福教師進班觀察或上課，接受生命教育中心、賽斯學院或校外的科任老師來講課，給予學生良性的刺激，增益不同的生命經驗。

我們學生最大的不同，就是他們都健康快樂地學習，不但不排斥考試，而且還喜歡適當的考試。儘管教育當局都強調，我們的教育是「德、智、體、群、美」五育並重的教育，但是不可諱言的，體制內的教育太過偏「智」育。而華德福教育是真正實踐「全人教育」，所以孩子的學習是均衡而快樂的，有時阻力或亂流反而是來自家長。有的家長難免擔心，這麼輕鬆快樂的學習，如何與其他學子在「基測」中競爭？我必須承認，我無法面面顧到家長所有的要求，只有認同全人教育理念的家長，才能安心的把孩子交託給華德福的教育。

史戴納博士認為，人類具有「十二感官知覺」，這種認識在華德福教育非常重要。所謂「十二感官知覺」，分別是觸覺、動覺、生命覺、平衡覺（觸動生平，與人的意志或毅力有關）、視覺、嗅覺、味覺、溫度覺（見聞味溫，與情感有關）、聽覺、語言覺、思想覺、自我覺（聽說想我，與思想有關）。我們的教育要能充分活用這十二知覺，並且滿足這十二知覺。像是身為老師，本身就要符合學生對「溫度覺」的需求，具備身而為人的「溫暖感」，能夠給予學生溫暖與信任。

教育的實踐是一個生命成長的過程，也是學生、家長和教師共同學習與成長的過程，它同時還是一個開放與充滿可能性的過程。華德福教育的理念與實踐，引領學生、家長和教師邁向生命的健康與自由，願這一教育能廣及世界，成為所有人之福。

洪世勳老師（豐樂華德福藝術教學老師）

教育是開啓「人」朝向「自我意識」成長和發展的學習過程。而華德福教育理念，則更具體藉由「藝術」貫穿整體教學課程，透過藝術，不僅啓發孩子的創造力，提高內在的穩定性，更養成觀察力、直覺力、審美觀、意志力與自信心。可以說，藝術教育是華德福教育理念中最珍貴的一部分。

教育的藝術，是開啟「人」朝向「自我意識」成長和發展的學習過程。而華德福教育理念，則更具體藉由「藝術」貫穿整體教學課程，其塑造與滋養著孩子的身體(body)、心靈(soul)、靈性(spirit)，同時建構包括觀察力、感受力、意志力、審美觀與自信心等內在層面，讓孩子充分展現生命獨特的創造能力。可以說，藝術教育是華德福教育理念中最珍貴的一部分。

*「有感覺（feeling）」才有藝術

自幼兒階段開始，華德福教育便以童話故事滋養著孩子的心靈，然後配合孩子的年齡與意識發展，逐步引領孩子塑造內在的「圖像」。這些「圖像」是以形線畫、濕水彩、塑形、手工等藝術性方式呈現。而就在孩子從事這些藝術呈現的同時，這些藝術活動也以意志(willing)、情感(feeling)、思考(thinking) 等節奏，建構著孩子的身體與心靈發展。因此，華德福教育在孩子九歲以前的引導方式，總是從身體開始，透過四肢的觸覺和身體律動，建構腦部的發展，也讓孩子在學習過程有充足的吸入與呼出，直到他們的身體和意識發展都準備好。

我們帶領孩子從形線畫(form drawing)到寫字，從形線畫到濕水彩(Water color painting)，都和身體的律動 (movement) 結合在一起，讓這些內在的節奏(rhythm)逐漸升起。小學一年級的課程，先讓孩子對手和身體的發展做好準備，到了二年級漸漸加入一些技巧。畫濕水彩的目的，就是讓孩子透過感官，經驗最接近色彩本質的藝術活動。此外，濕水彩也提供孩子的感官和身體發展，提升他們的觀察力、敏銳度及感覺(情感)能力。因此，我們稱華德福教育的藝術性活動為「培養孩子全面性發展的活動」，一點都不為過。

坊間的繪畫十分重視或強調技巧性的學習，但是在我看來，內在情感層面的「感覺」(feeling)能力，才是藝術表現最難的部份。孩子如果缺乏「感覺」，他們拿起畫筆時，沒有參考或模仿的圖像，便不知道該畫些什麼；面對空白的畫紙，也不知該如何下筆才好。縱然習得表相上的技巧，若缺少了對畫作的「感覺」與對藝術的喜愛，作品通常就只是項作業，或模仿而來的形式。

在華德福學校裡，我們會選定一則故事作為表現的主題，依照各年齡孩子的發展，以各種神話、傳說故事為引導，讓孩子從故事情境中產生「圖像」。當這樣的「圖像」形成，「感覺」就萌發了，於是每一位孩子都有能力表現自己豐富的想像世界，也都會滿意且懂得欣賞自己和別人的作品。

這樣的練習，必須是在每週固定的時段，從經驗色彩逐步引發孩子對繪畫情境的呈現，由純淨的原色表現天空、大海、青山、森林，然後開始經驗色彩更豐富的黎明和黃昏。技法則配合年齡與故事主題，表現更多元且豐富的細節。透過藝術作品的呈現，孩子們彼此都知道這是誰的作品，因為作品中散發著主人的氣質、性情和當下狀態；而教師也會隨著與孩子相處時間的與日俱增，發展出觀察和瞭解孩子的能力。

整體而言，技法都是可以訓練的，至於應該在什麼時機給予引導，就必須視孩子的發展而定。更高階技法如素描、透視、立體及構成等等，待孩子的意識發展與建構都準備好了，他們將很容易掌握，且坊間已有大量的資訊可以學習參考，唯有內在的「感覺」是無法被模仿或快速啟發的過程。當孩子經歷低年級的濕水彩練習，進入高年級的素描、塑形，學會了如何充分運用感官的體驗，就能夠把這些「感覺」透過各種形式表現出來。這樣的藝術陶冶方式，會成為孩子意識中的一顆種子，伴隨著他們終生受用。

*是「感覺」被扼殺，而不是沒有藝術細胞

在我當導師的帶班經驗裡，從二年級至五年級，班上每年都會有新加入的孩子。如果是在三年級以前，他們通常只要二至三個月的時間熟悉適應，便能跟上同儕。而如果是小學四年級以後，由於孩子的自我意識已經啟蒙，中途加入我們的繪畫課，則至少需要一個學期，甚至一年的時間持續地適應及調整。

這是因為我們的孩子在一到三年級的每週練習中，對色彩的感覺、圖像的構成、水份的掌握、畫紙上調色等技巧，已經歷長期且持續的內化過程。而最大的問題，還是在於這些十歲後自我意識已萌芽的孩子，長期處於「智力訓練」的學習方式下，除了不熟悉自己的能力之外，也

缺乏對自己有能力完成作品的信心。在沒有提供可參考圖案的狀況下，他們往往不知道該如何表達。這樣的情形，隨著孩子年齡越大越容易顯現，多數的成人通常也是如此。

我遇過許多家長，提及繪畫，他們通常會先擔心過多或缺乏信心，就是覺得自己總是畫不好、怕被嘲笑，繼之又勾起他們許多學習過程不愉快的經驗，因此多數人對於繪畫早已放棄，某些人則始終逃避。然而，我深信繪畫與其他的藝術一樣，始終是人類與生俱來的能力之一，只是在過去的學習過程中，被不適當的教學形式扼殺了。如果帶著這樣的陰影去學習，我們又如何期待或要求孩子喜歡這門課呢？我聽過最有趣的回應是：「我們家族沒有這方面遺傳，所以我不會，我的孩子也不會。」

*華德福的藝術活動，為孩子的意志、情感與智力學習做好全面性的引導工作

藝術活動在華德福教育中，扮演著全面性的整合角色。這話怎麼說呢？舉例而言，從一年級開始，形線畫就是作為進入書寫的預備，也是進入數學和幾何的途徑；到了四年級，形線畫便和徒手幾何連結，讓孩子從中發現幾何與數學本質層面的美感，更進一步體驗其整體與自然界的秩序關係。

同樣的，形線畫也呈現於孩子的工作本、濕水彩作品中。到了高年級，則配合其他藝術課程轉化為泥塑、幾何構成、手工編織、木工及金工等作品的圖樣。因此，當孩子從體驗中發展出很美的形線畫作品，同樣的美感經驗也會表現在其他形式的藝術創作上。

塑形和手工活動，在華德福學校也是相當重要的課程。從幼兒園便開始的蜂蜜蠟塑形，持續塑造著孩子的內在發育，並培養孩子的意志力。到了一年級，配合孩子手指肌肉的發展，則以童話和自然故事為主題，讓孩子進一步練習故事中主角的形象、姿態，與完成度越來越提升的作品。通常孩子在二年級時，已經熟悉蜂蜜蠟的質材，以前要花三十分鐘才能完成一兩個主角，現在用同樣的時間，已能加入故事環境的呈現。

而塑形練習和形線畫、濕水彩同樣對孩子的感官，特別是視覺和觸覺，以及內在空間感、方向性、立體感的建構，有著相當大的助益。身體發展不完全或有情緒障礙的孩子，需要更多的時間完成作品，而且他們在塑形過程中也需要額外的協助。例如，他們無法表現立體感，作品總是平面的；再者，他們的手指發展無法表現細節的部份。在塑形過程中，我們引導孩子由整體長出部分的方式，也是令這些孩子感到最困難的。因為蜂蜜蠟的特性無法用接合方式製作，失去溫度後，蜂蜜蠟很快就會變硬而脫落。

而在所有孩子都熟悉塑形的方法後，到了四年級，孩子的手指發展趨近成熟，就能開始進行泥塑練習。泥塑使用的陶土，需要敏銳的觸覺去感受溫度及控制水份，因此對許多發展未完成或較慢的孩子來說，會是十分困難的挑戰。四年級的泥塑，主要呈現各種動物姿態的練習，然後進入諸神、人與植物的主題。一開始總會有孩子表示牛、馬、獅子等動物很難完成，直到開始做人形泥塑後，大家一致的結論都是：「做人好難喔！」

曾有家長以坊間畫室的標準，質疑華德福學校的繪畫、泥塑課缺乏技巧性的指導，這其實是對我們不夠瞭解。我們的技法是隨著年級逐年加入的，從形線畫、蜂蜜蠟塑形，到高年級進階的濕水彩和泥塑。我幾次帶著家長實際動手體驗之後，家長才發現——真是不容易！

別忘了，華德福的藝術課程還有書法、水墨及素描，這些我們都還沒有機會和家長實際分享呢！是的，如果要在有限時間內、限定的主題下完成特定技法的作品，就必須展現出意志力與圖像才行。對我來說，孩子們都擁有個人對藝術作品獨特的感覺與審美觀點，每一件作品都是獨一無二也無法重來的創意展現，因此，未來欣賞孩子的作品時，也請大家給予最高的讚美和鼓勵。

＊雙手產出的作品，對中途加入的孩子而言都是困難的，反映出孩子的內在狀態與意識發展，都未達到同齡的程度；而這個年齡尚未開展的「智力」，卻是生硬地超前

我看過中途加入的孩子，除了無法表達之外，對自己做出來的東西也都不滿意。整體而言，他們並不珍惜自己的作品。在繪畫作品方面，新加入的孩子普遍無法掌握光影、色彩層次、豐富構圖與空間感；玩泥塑時，則無法做出立體的動物或人形。他們扁平的作品需要相當長時間的蛻變，才會調整成為立體。基本上，透過雙手產出的作品，對他們而言都是困難的，這些在在反映出孩子的內在狀態與意識發展，都未達到同齡的程度，而這個年齡尚未開展的「智力」，卻是生硬地超前。

我也發現，四年級以後才加入華德福的孩子，因為自我意識及心智各方面已經逐漸形成，他們會比較在意旁人的眼光，雖然對自己的作品也會產生一定的期待和要求，只是他們通常因為較少動手做事，許多練

習總讓他們陷入挫折；包括徒手幾何、泥塑及手工等都是如此。他們難以融入同儕，也需要加倍努力或以額外的課餘時間練習。華德福教育中諸多的藝術課程，其感受式的創作模式及圖像的形成，尤其令他們感到挫折。

事實上，光是要孩子在畫紙上純淨地表現出色彩就相當不容易了。有機會讓四年級以上的孩子，嘗試以紅、黃、藍三原色在紙上繪出十色彩虹或色環，便能知道孩子目前的狀態了。

*我們的孩子有敏銳的觀察力和獨立的審美觀，他們將帶著這些深植於內在的幼苗，開創屬於自己的豐富未來

近兩年，我有緣與一些小學二、三年級以後才轉進來的孩子接觸，陪伴他們進行課後大約四十分鐘的額外教學 (Extra Lesson)。他們都是在蜂蜜蠟的塑形、形線畫，及課本製作上遭遇困難；而更大的孩子，包括四年級至國二的同學，多數是對素描、書法、泥塑、形線畫和徒手幾何感到困難。

於是我從頭帶領他們由故事進入，先練習繪畫和形線畫，進而塑形或做手工，協助他們對故事產生「感覺」，再透過藝術活動將這些感覺呈現出來。一次一個故事，一個主題，從單獨的主角到豐富的角色，這些都需要相當長時間的耐心培養。學習的過程中，可以見到孩子內在的穩定性提高，也逐漸建立起自信心和對課程的學習興趣。

華德福藝術課程的另一大特點，是能充分培養孩子的觀察力與敏銳度。經年累月的練習，讓敏銳的觀察力內化為自然的直覺，加上獨特的審美觀、情感上的感受力，以及個人創意的發揮，這些都是任何人或方

式無法仿效的。無論孩子的未來是否朝藝術領域發展，他們內在都已具備最有價值的資產；因為不管從事科學或人文發展，敏銳的觀察力、直覺力和創造力勢必成為不可或缺的優勢。他們將帶著這些深植於內在持續灌溉的幼苗，開創屬於自己的豐富未來。

陳尤莉老師（豐樂華德福托兒所老師）

每一天，我們在晨頌中清醒，與孩子在遊戲中工作，在工作遊戲中學習。孩子與我和著窗外的風聲唱著歌，他們的輕聲細語是配樂，迎接每一天的來臨，又從動人心弦的故事展開一天的驚奇冒險。

感謝林玉珠老師，九年前引領我進入魯道夫．史戴納的教育聖殿。在華德福的教室裡，我看到每一位家長在孩子成長過程中付出的用心以及努力，讓每一個小靈魂綻放出原有的光彩。他們讓我深受感動，也更加堅定信念，心無旁騖的一路往前。

◎我們從動人心弦的故事展開一天的驚奇冒險

在我個人學習幼教的經驗中，華德福教育是一個未曾接觸過的陌生名詞。但是就在代班之初，卻感到一切都是那麼的熟悉自然。每一天，我們在晨頌中清醒，與孩子在遊戲中工作，在工作遊戲中學習。孩子與我和著窗外的風聲唱著歌，他們的輕聲細語是配樂，迎接每一天的來臨，又從動人心弦的故事展開一天的驚奇冒險。

這天，一個圓潤可愛、嘟著小嘴的男孩，緊緊跟著母親進教室。他使勁拉著媽媽的手，眼睛定定看著教室櫃子上的寶貝。媽媽告訴他：「和小朋友玩木頭很好玩喔，趕快去吧！」小男生搖著頭說：「不要！」然後躲到媽媽的背後。這時，一個綁著小馬尾，穿著點點裙的小女孩靠過來，像是擔心被別人聽見似的，兩手圈著嘴巴，側著頭對小男生說：「等睡覺起來以後，有布偶戲可以看喔！」然後牽起小男孩的手：「來，我們先玩寶貝。把貝殼和松果疊高高，可以幫小蜜蜂找到回家的路。」

小男孩拉了拉媽媽的衣服，仰頭看著媽媽，張開雙手，正想要媽媽抱抱的時候，另一名身上圍著花布，手裡拿著毛線鴨鴨的女孩說：「看，我穿著和我媽媽一樣的衣服喔！想媽媽的時候，可以想在心裡面，會很長大喔！很長大的人才有辦法呢！而且一到下課，媽媽就會來接我了！」

旁邊一個專注在鋪設石頭迷宮的男孩，也接著說：「我喜歡你，你喜歡我，我們喜歡每一個人。我們一起去爬樹、走迷宮，好不好！」

小男孩問媽媽：「我可以爬樹嗎？」媽媽微笑點點頭，用力的抱抱小男孩，告訴他說：「可以，爬樹是很棒的遊戲喔！」又說：「想我的時候，也可以想在心裡面呀，等你下課，媽媽就會來了喔！」

她對小男孩說再見，小男孩也對媽媽說再見。

每天的故事都會有新的主角出現，他們可能在蜂蜜蠟的雕塑中，在烹飪課揉的麵團裡，在水彩畫的畫布上，在布偶戲的劇情轉折處，新的故事情節不斷延續下去，而且發展出更多屬於他們自己的生命故事。

◎與家長分享的點滴，和家長後來給我的回饋，都支持我從內在提升出力量

從一位偉大母親慧芳老師的身上，我見證到新生命來到這個世界，是可以那樣的自然而且安祥，在寧靜中充滿喜悅。居家生產的她，就在那一天，挺著即將臨盆的大肚子，坐在床上，指揮著我們把粉的、藍

的棉布圍繞在四周和天花板，又將燈籠吊掛在中間。微亮的燈光透過燈籠，溫暖了整個房間，宛如在教室般。又在角落的桌上擺了一盆採自花圃裡、開得正茂盛的不知名小花。

待一切就緒後，她自床邊隨手拿起一本書，吟咏著：「進入我的意志，慢慢流溢出力量；進入我的情感，慢慢奔流出溫暖；進入我的思想，慢慢閃耀著亮光。爾後我可以哺育這個孩童，以受過啟蒙的目標，用心中之愛來關懷，讓智慧進入所有事物。」

她做好了一切準備，覺醒而有毅力的迎接新生命到來。而我從這些年的生命經驗累積，也迎接了自我而來的新生命。現在，我是一個兩歲小孩的母親，終於可以體驗每一個為人父母者的不安及期待，在內心裡交戰著、拉鋸著。即使是孩子日常中的小疑問，像是不愛吃青菜，該如何讓他安定入睡等，這些我以往與徬徨無助的家長所分享的點滴，和家長後來給我的回饋，都支持我從內在提升出力量。而家人、媽媽、先生的幫助，使我在身為母親的過程中更為篤定，也能夠信任以往所學，並在華德福教育社群中進入全新的學習和努力。我領悟到，教育其實就是「愛」與「榜樣」。

當初一起受師資訓練的同學們，像于玲老師、郁英媽媽、士源爸爸，他們一直在大力推廣華德福教育；還有始終陪著孩子們成長而未曾離開過的開媽媽、許姿妙醫師、陳俊峰醫師、黃奕立老師，他們為了讓更多人認識這幸福的教育，努力耕耘不輟；更有那默默支持華德福的許多不知名家長，都讓我深深感動。我也深切的期待越來越多人加入，和我們一同努力，讓這幸福的教育國度長長久久。

許麗玲小姐（豐樂華德福學校家長）

我知道我要的是一個身心靈都能健康快樂長大的孩子，不是肩上擔著憂慮與壓力的孩子。我更清楚，教育不是一朝一夕的事情。家長需要無比的耐心堅持，等待我們所種下的小苗發芽。看看你的孩子，看看他們臉頰上那抹天真的笑容，你就會知道自己想要給他們什麼。

好友經常笑說我的一生像是一部電影！夜深人靜時，細細回想自己過去的點滴，想了都會有些淡淡的愁悵。慶幸的是這些年的轉變，讓自己已經能有豁然的心情去看待這一切，去珍惜每個曾經的腳步，不論是深是淺的印記，或正或斜的足跡，是昂首闊步，亦或是跌跌撞撞的腳步，那都是我的回憶。現在想起，有時仍會留下眼淚，但我知道那是好的眼淚，因為淚水已化作歡笑與幸福，而這一切都要感恩，從我認識了許姿妙醫師開始。

＊自己的成長過程傷痕累累，也讓我的孩子膽怯畏縮，失去該有的天真

爸爸是會對媽媽暴力相向的人，孩童時候的我就是在這樣的驚恐和暴力、在父親的怒罵聲和母親的哭泣聲中長大。記憶中的媽媽長年忍受心理與肉體創傷，終於有一天，她再也忍受不住而離家出走，很久沒有再回來。從那天起，我知道自己必須要長大了。

從小就翹家的我，幾度想放棄自己，結束生命，但心中某個聲音又告訴自己不可以放棄。我一度很茫然，驚覺天地之大竟無我容身之

處，我是這麼樣渴望「愛」，無論是親情、愛情、友情……我沒有讀太多書，很小就出外打拼。或許是因為很清楚自己只能靠一己之力開創人生，我知道要努力工作賺錢，才不會被人看不起。我也知道自己必須要打拼才會有好將來。沒有安全感的我，或許是藉由事業上的成就來武裝自己，藉著獲得別人的肯定來告訴自己：「我很棒。」

我的工作能力很強，外表亮麗而開朗，在外人眼中是時代的新女性。但唯有自己知道，我的內心空虛而貧乏，渴望愛的擁抱。也因此，我對「愛」一直尋尋覓覓，錯遇了許多不適合的人，對自己造成了一次又一次的傷害。

或許是太渴望父愛、渴望安定，我甚至和一名「暴力男」交往七、八年之久。這期間，他時常對我飽以老拳，而我雖然害怕肢體暴力，卻更害怕失去愛情，害怕孤單。於是在他事後一次又一次的道歉聲中，妥協而心軟，人生也落入一再重演的惡性循環。我曾回想，是否當時我將父母親的相處模式合理化的投射，並且框在自己身上，所以我也用無盡的忍耐去回應他愈演愈烈的全武行。即使所有身邊的好友都對我投以不可置信與不解的眼光，不斷勸我跳脫，我卻自虐般的無法自拔，陷入泥沼。

在打拼事業跟尋求真愛的同時，我的兒子還只是一個剛會走路的小娃兒。由於工作和種種現實因素，我將孩子交由我的母親照顧，自己並沒有太多的時間和他相處。初為人母，也還不知道如何照顧孩子，甚至不知如何和他相處。有時候看到他，會對他開心的又摟又親，但是自己情緒不好，或是求好心切下，又會對他苛酷嚴厲。「母愛」是天性，但是我知道自己當時的教養方式不恰當，讓漸漸長大的兒子非常膽怯和內向，缺乏自信和一般孩子該有的天真。這讓我迷惘了，不知該如何去教育他才能給他最好的。

＊只因為我愛我的孩子，希望他快樂，所以獨排眾議，送他進入華德福學校

在這期間，因為一些環境的變化，也或許是長年心靈的創傷不斷累積，我遭逢了憂鬱症的侵襲。許醫師就像是位良善的心靈導師，讓我吸收並導正了許多想法與觀念。在這同時，我也決定讓孩子接受華德福教育。因為我愛他，自然不希望他成為一個不快樂的孩子，所以我獨排眾議，送孩子進入華德福學校。

剛開始，我的母親反對，兒子的爸爸也不贊成，我是偷偷讓孩子去上學的。表面上，大家只看到他不像一般的小孩身著制服、早早起床趕著上學，似乎也沒有其他孩子的功課壓力，這樣像是「上學」嗎？他們問我。我其實也和家人一樣擔心，害怕他將來會沒有所謂的「競爭力」。每學期只要到期末，我的心就被家人動搖了，想把孩子轉到體制內學校，畢竟這是台灣，我們都在這樣保守封閉的教育體制下成長。我也和所有的家長一樣，害怕我的孩子沒有競爭力，幾度想放棄華德福。但我知道我要的是一個身心靈都能健康快樂長大的孩子，不是肩上擔著憂慮與壓力的孩子。我更清楚，教育不是一朝一夕的事情。家長需要無比的耐心堅持，等待我們所種下的小苗發芽。沒有任何事情是一蹴可及的，不是嗎？我很慶幸自己在許醫師的提醒之中堅持下來了。

我更清楚相信，讓孩子自由的發展、成長有多重要。坊間的教育講究速成，有怎樣的「輸入」，就有期待值的「輸出」，要的是那種「1 +

1＝ 2」的結果。這不是華德福教育的目的。

堅持了多年，我看到改變，看到了孩子的性格不一樣了，從怯生生到自信，從缺乏耐性容易放棄到穩定堅持，不僅是家人，連周遭的朋友都很詫異兒子的成長。我知道我的堅持和選擇是對的。或許很多人會覺得接受這種教育系統的孩子會缺乏抗壓性，但試問，是否真的讓孩子去吃苦，一路碰撞跌倒，傷害自己，才會有所謂的抗壓性呢？

＊愛的需求被滿足的孩子，身心靈都能健全發展，當他們遇到問題，不會是放棄，而知道如何去面對和解決，像是柔軟有韌性的柳枝，而非一折即斷的硬枝

像我自己一向是友人眼中打不死的蟑螂，抗壓性極高，表面上或許是如此，然而一旦發生重大事件（或許是事業，或許是感情……），卻情緒崩潰一發不可收拾，經歷了三次憂鬱症的煎熬。所以我瞭解到學歷不等於未來的能力，如果孩子愛的需求被滿足，身心靈都能健全發展，當他們遇到問題，就不會是放棄，不會是逃避和退縮，而會知道如何去面對、去解決，會像是柔軟有韌性的柳枝，而非一折即斷的硬枝。

以前孩子在體制內學校，人際互動不佳，同儕的相處並不是他所能應付。但是在華德福學校，每個孩子都是被尊重的獨立個體，彼此扶持，也造就了同學之間手足般的情感與凝聚力。兒子的轉變讓我滿足和欣慰，進而也回饋到我自己的心情與個性。或許就是這樣的良性循環，讓我知道如何和孩子互動溝通，也讓家庭氣氛和睦親密。我們情感更加緊密，也更珍惜相聚相處的時光。

＊孩子讀華德福學校，連我缺憾的心都受到療癒

我們是單親家庭，兒子缺乏父親的陪伴，還好在學校中，老師的愛心、耐性，讓我的孩子在父愛這部分被滿足了，真的很感謝老師。在兒子的成長過程中，我也因為參與華德福學校的活動，而逐漸受到潛移默化，得到愛的滋養。我開始學習如何恰當的和女兒相處，陪伴她所有成長的點滴。我發現孩子的行為就像是一面鏡子，反照出父母的言語習慣和行為模式。古人所說的「以身作則」、「言教」、「身教」真的非常重要。

很開心的是，我的寶貝小公主今年也即將進入一個新的階段，成為豐樂華德福學校的小小新鮮人。從家人原本的極力反對，到現在的支持，女兒終於可以光明正大上學去了。我很放心的將女兒再次交到豐樂華德福學校，我知道她將會是個真正健康快樂成長的孩子。

在這裡，我要非常感恩，感謝許醫師在各方面對我的教導及所有的幫助與分享。也謝謝許醫師的看重，讓我有機會在這裡和大家分享我的感動。我更要鼓勵各位家長，讓孩子在被尊重的環境下成長，勇敢的做出你的選擇。回頭看看你的孩子，看看他們臉頰上那抹天真的笑容，你就會知道自己想要給他們什麼。人生本就是一連串選擇的結果，選擇華德福教育，就是幫孩子選擇了一把通往幸福國度的鑰匙。

Waldorf
Education

後記——對華德福教育的無盡感謝

我真的很感謝世界上有華德福這麼美好的教育方式，是它讓我親眼見證了孩子在這一教育方式下的快樂成長，明顯和在體制內教育的學習有所區別。

＊我為什麼讓女兒進入華德福學校

很多朋友問我，妳和先生都是醫生，應該是很會讀書的人，為什麼把孩子送到華德福這樣似乎「不怎麼熱中讀書」的學校？

我個人從小在體制內的求學過程中，學校的課業壓力並未對我造成太大的困擾，讀書也並非太了不得的難事，可是我總認為，生命當中除了讀書考試之外，還有其他多彩多姿的豐富內涵值得追求。即使不在傳統的填鴨式教育和密集的考試訓練下，必定還有其他可以把書讀好的方法，能夠讓孩子在顧及課業之餘，還可以將生命過得更豐富而寬廣。這就是我選擇華德福教育的初衷。

我的女兒讀國小一年級的時候，台中地區還沒有華德福學校，所以女兒進入體制內的小學就讀一年級。我仍然清楚記得，就在這一年當中，女兒經常寫功課寫到睡著，所以在我給老師的聯絡簿上，最常出現的就是：「女兒寫功課寫到睡著了，所以功課沒寫完。」就這樣，孩子三天兩頭帶著未寫完的功課去學校。但是這並不代表我的孩子有學習遲緩的問題。相反的，從華德福教育的觀點來看，大人實在不應該給六歲的孩子這麼繁重的功課。

後來台中成立了第一所華德福小學，女兒進去以後，重新又讀了小學一年級。從此，她就在豐樂華德福學校安定下來，九年當中，天天都在歡樂而溫暖的氣氛裡學習，自我意識也逐漸萌芽。

*正確的教育，讓孩子自發又自律，並且充滿了積極參與世界的熱情

對於這個寶貝女兒，我們從來不冀望她考上所謂的「明星學校」，然而就在國中二年級升國三的時候，她知道自己要開始認真準備基測（當時台灣尚未有華德福高中，所以必須和體制內的高中接軌），於是自發性的進入「備戰狀態」。她向我宣示自己的決心，並且將她的手提電腦交給我代為保管，說她明年考完基測前，都不會再使用電腦。從那一天起，她早上五點起床讀書，晚上九點準時上床睡覺，如此規律而自

律的生活持續了一整年。

由此可以看出，這孩子不需要父母師長的提醒，便決心要自動面對基測的壓力，並且用她在華德福學校發展出來的強大意志力，堅持苦讀不輟。華德福學校並不像許多講求升學的學校一樣，不斷對學生進行考試訓練，可是女兒的基測成績贏過了百分之七十的考生，在我看來，已經十分難得。

很多人擔心，在學風自由的華德福學校受了九年的薰陶以後，孩子還能夠適應體制內高中的學習嗎？面對考試，他們會有競爭力嗎？至少，我在就讀高中的女兒身上，沒有看到不適應的衝突，反而更突顯了九年華德福教育的可貴優勢。

例如，上了體制內高中之後，女兒常說：「奇怪，老師在課堂上問問題，為什麼都沒有人要回答？」她於是就成為那個自告奮勇舉手回答的人；上游泳課的時候，班上四十四名學生，有三十八名不會游泳，女兒是僅有的、會游泳的四名學生當中的一名；學校舉辦英語說故事比賽，她主動報名參加；學校要辦老師的畫像比賽，她也當仁不讓，自動報名；老師常常開很多書單要學生看，但沒有說何時考試，結果出其不意的突擊測驗，把學生考得落花流水，我女兒卻能輕鬆拿高分，因為她

已經養成自動學習的習慣，而不是為考試才讀書。諸如此類，女兒在各方面都展現了積極參與世界的熱情，我們的擔憂，似乎顯得多餘了。

華德福的孩子從小快樂慢學，卻後勁十足。豐樂華德福的孩子，將來或許不會個個成為博士，但我可以確定的是，他們會是各行各業的達人。他們可能成為寵物店的主人，也許是腳踏車店的老闆，也或許是聲樂家或優秀的演員、醫生。他們的意識因為發展健全而清醒，在國中二年級的時候，就清楚知道自己未來要做什麼。

＊美好的教育和觀念，要趁早落實在幼兒階段

我曾經問過好幾個明星高中的學生，將來進大學想要讀什麼科系？很多人都答不上來。原來，孩子在猛K書的成長過程中，已經完全失去自我認識，也不明白自己的潛力何在。這就是為什麼我要一再的感謝豐樂華德學校的老師，在孩子成長與蛻變的過程中，給予最有智慧的支持，用他們的生命力指導我們的孩子，豐富我們的孩子，滋養我們的孩子。也要感謝豐樂華德福學校的家長，在學校各個階段的轉變過程中，默默的付出與耕耘。

台中豐樂華德福學校目前還要積極向下紮根，成立托兒所，命名為

「豐樂華德福托兒所」。期待將華德福美好的教育和觀念，趁早落實在幼兒階段，也讓更多家長可以在家中自行實施華德福教育模式，而這才是實至名歸的「德、智、體、群、美」五育並進的理想教育。

許姿妙醫師 著作

病是教養出來的 第二集

愛與礙

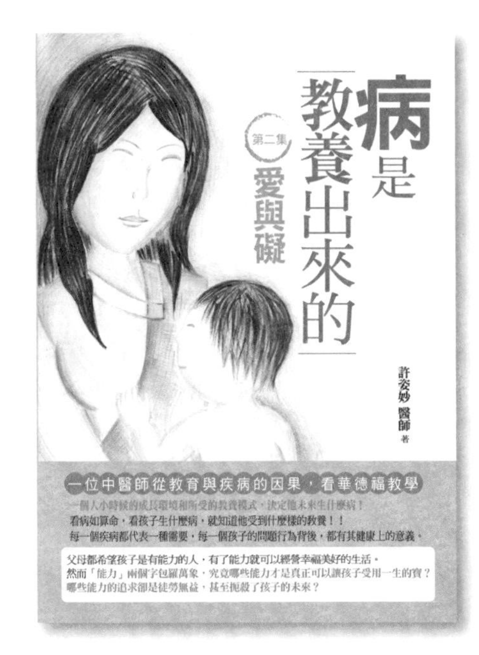

許姿妙 醫師 著

定價：220 元

（人智出版社出版）

一個人小時候的成長環境和所受的教養模式，決定他未來生什麼病！

看病如算命，看孩子生什麼病，就知道他受到什麼樣的教養！！
每一個疾病都代表一種需要，每一個孩子的問題行為背後，都有其健康上的意義。

父母都希望孩子是有能力的人，有了能力就可以經營幸福美好的生活。
然而「能力」兩個字包羅萬象，究竟哪些能力才是真正可以讓孩子受用一生的寶？
哪些能力的追求卻是徒勞無益，甚至扼殺了孩子的未來？

- 什麼樣的教養會教出意志力癱瘓的小孩？
- 孩子異位性皮膚炎抓不停，原來是父親管教不當，侵犯了孩子自我保護的界線。
- 不讓孩子生病，導致小孩生命覺遲頓，不知自我保護，變得更加體弱多病。
- 被診斷為疑似自閉症的孩子，四處求診服藥並接受職能治療都無法改善，禍首竟然和家中永遠響不停的電視機、收音機有關。

華德福教育致力培養孩子具備三大能力，分別是意志能力、情感能力、思考能力。
一個人具備這三種內在能力，就等於拿到通往幸福生活的通行證。
在生活中實踐三個 R，避免三個 L，可以養成孩子的三大內在能力，落實父母對孩子的愛。

病是教養出來的 第一集

|孩子的四種氣質|

一位中醫師從教育與疾病的因果，看華德福教學

國家圖書館出版品預行編目資料

病是教養出來的. 第一集, 孩子的四種氣質 / 許姿妙作. -- 初版. -- 臺中市 : 人智, 2018.11
面 ； 公分. --（教養系列 ; 1）
ISBN 978-986-96683-2-3（平裝）

1. 親職教育 2. 子女教育 3. 病因

528.2 107021286

教養系列 001

病是教養出來的（第一集）孩子的四種氣質

作　　者　許姿妙
文字整理　胡慧文
美術設計　上承文化有限公司

出　　版　人智出版社有限公司
地址：台中市南屯區大容東街4號3樓
電話：(04)23379069
傳真：(04)23379359
網址：humanwisdompress.com
劃撥帳號／ 22727115
戶名／人智出版社有限公司

總經銷　紅螞蟻圖書有限公司
地址：114台北市內湖區舊宗路二段121巷19號
電話：(02)27953656
傳真：(02)27954100

版　　次　2018年11月 第二版
定　　價　220元
國際書號　ISBN：978-986-96683-2-3（平裝）

病是教養出來的 第一集

孩子的四種氣質

一位中醫師從教育與疾病的因果，看華德福教學

病是教養出來的 第一集

｜孩子的四種氣質｜

一位中醫師從教育與疾病的因果，看華德福教學